POURQUOI LES OISEAUX MEURENT

Victor Pouchet est né à Paris en 1985. Enfance en région parisienne, vacances sur la côte bretonne et dans les montagnes corses. Études à l'École normale supérieure de Lyon. Commence une thèse sur les descendants de Stendhal dans la critique au XXe siècle, l'abandonne sur le bord du chemin trois ans plus tard. Il tente la traversée des Açores jusqu'à la France à bord d'un petit bateau à voile, puis commence à Brest, avec deux amis, un tour des frontières de France à pied par étapes annuelles, prévu pour s'achever en 2060. Il enseigne aujourd'hui la littérature en classes préparatoires.

VICTOR POUCHET

Pourquoi les oiseaux meurent

FINITUDE

ISBN : 978-2-253-90669-8 – 1re publication LGF

« Il est infiniment probable qu'on ne meurt pas d'une maladie, d'un accident, voire de vieillesse : je prétends au contraire qu'on meurt de ce qu'on n'a pas vécu. »

Frédéric BERTHET

Il avait plu des oiseaux morts. J'ai répété ça aux bateliers sur le quai du port de Paris. Ils m'ont regardé étrangement. Pourtant, c'était très exact : il avait plu des oiseaux morts. Je suis allé de péniche en péniche, pour expliquer ma demande : descendre avec eux la Seine, pour observer les oiseaux, et pour atteindre les alentours de Rouen, où une série de pluies d'oiseaux morts était survenue. Plusieurs mariniers m'ont ri au nez, un autre m'a écouté attentivement et m'a conseillé de me rendre gare Saint-Lazare d'où partait toutes les heures un rapide pour Rouen ; un troisième qui transportait du sable m'a répondu en une langue que j'ai prise pour du tchèque. Ils ne s'en allaient pas tout de suite, ils ne me comprenaient pas, ils n'avaient pas de place pour moi, ils s'en foutaient souverainement.

L'un des bateliers m'a finalement indiqué le local de la compagnie Blue Seine qui proposait des voyages sur ce fleuve pas si bleu. Sur une affiche à l'entrée, de jeunes retraités buvaient des cocktails multicolores sur le pont d'une péniche, en souriant très fort devant une falaise : « Embarquez à bord du *MS Botticelli*, vous découvrirez les magnifiques paysages et la richesse du patrimoine de Paris à Honfleur. » J'ai poussé la porte.

N'étais-je pas après tout une sorte de retraité à bientôt 29 ans ? Mes cheveux grisonnaient, j'avais depuis longtemps perdu la mémoire, je vivotais à cadence mesurée.

Une jeune fille en uniforme marin m'a annoncé que le *MS Botticelli* était en réparation, mais que des places étaient soldées sur l'aristocratique *Seine Princess* dont le parcours et l'allure étaient identiques. « On est exactement dans la même gamme de produits », m'a-t-elle dit, comme pour défaire tout l'imaginaire romantique que j'aurais pu associer à cette traversée. J'ai pris un billet : j'avais une cabine double sur ce navire de 110 mètres de long sur 11 de large, qui appareillait dans cinq jours.

Je n'ai pas osé lui donner la raison de mon voyage. Il aurait fallu lui décrire les images du champ d'oiseaux morts qui étaient apparues sur mon écran la semaine passée et qui revenaient en boucle dans mon esprit. Je me souvenais du plan large montrant l'ensemble de la scène. Puis du commentaire du journaliste qui avait précisé l'emplacement. « Sur un rayon d'une centaine de mètres, dans la petite ville de Bonsecours, cette étrange pluie… »

« Chez moi, c'est chez moi ! » avais-je crié au poste de télé. C'était chez moi qu'avait eu lieu ce déluge, dans la ville où j'avais passé, avant de m'installer à Paris, les pires et meilleures années de ma vie, c'est-à-dire une enfance. Je n'avais pas reconnu l'endroit exact à Bonsecours. Peut-être était-ce derrière l'ancien gymnase près de la route de Darnétal ? C'était un champ entouré de pavillons où une centaine de petits corps noirs semblait avoir été déposée par une main délicate. Certains étaient couchés sur le côté, d'autres les pattes en l'air. On voyait sur leurs ailes quelque chose de brillant, comme si toutes les plumes étaient collées par du sang gras.

Les riverains filmés à la porte de chez eux ne disaient pas beaucoup plus que ça : ce n'était pas vraiment une averse ni un grain, mais pendant quelques minutes, en fin d'après-midi, il avait plu des oiseaux morts. Des centaines d'oiseaux avaient chuté sur le sol. Un enfant qui jouait à la balançoire avait été blessé à l'oreille par le bec d'un étourneau, des gens avaient été réveillés dans leur sieste par le son mat de choses tombant sur leur toit. Certains habitants avaient cru à une attaque. Mais les bombes ailées n'explosaient pas, elles chutaient, comme fatiguées de voler. Vu de loin, le tout paraissait représenter une forme géométrique à assembler à la manière de ces dessins pour enfants où il faut relier les chiffres pour qu'apparaisse une figure. 26-27-28-29-30 : princesse, éléphant, tête de mort ?

Dans le commentaire, à la télé, le mot *pluie* ne cessait de revenir, quand bien même cet événement avait peu à voir avec une simple vapeur d'eau condensée en gouttes. Ça évoquait plutôt la fin du monde, la disparition des lois de la gravité, l'impossibilité du vol et de la légèreté. Nous étions en octobre, c'était le début de l'automne, et il avait plu des cadavres d'animaux en Haute-Normandie.

La vendeuse de croisières idylliques me souriait calmement, en me tendant une enveloppe avec mon billet et un fascicule de présentation du périple. Il aurait fallu lui expliquer (elle n'en demandait pas tant) que les oiseaux m'occupaient depuis bien plus longtemps que ce matin d'octobre. Il aurait fallu lui raconter l'histoire du perroquet vert et jaune tacheté de noir que nous avions récupéré l'automne de mes sept ans à Bonsecours. Craignant qu'il ne supporte pas l'hiver normand, nous avions fini par l'attraper alors qu'il volait près de chez nous, persuadés d'accomplir une bonne action. Nous lui avions acheté une grande cage bleue, l'avions nommé Alfred, qui est, si on le décide, un nom de perroquet, et il avait passé l'hiver au chaud dans notre salon. Mais dès l'été suivant, Alfred s'était mis à se comporter étrangement : certains jours, il hurlait sans arrêt pendant des heures ; d'autres fois, il sautait frénétiquement sur sa mangeoire. On le déplaçait dans le jardin pour ne plus avoir à subir ces agitations. Une après-midi de juillet, alors que je jouais seul dans le salon, Alfred s'était soudain jeté contre sa cage à plusieurs reprises, en poussant des hurlements aigus. J'avais accouru pour tenter de l'extraire de ses barreaux, mais il volait de façon de plus en plus déterminée et incohérente et j'avais eu peur des cris, des plumes vertes et jaunes qui s'arrachaient, peur qu'il me blesse aussi avec ses griffes ou son bec. Je m'étais reculé et j'avais assisté aux derniers instants de l'oiseau qui avait fini par s'écraser au bout de quelques minutes, dans un fracas de plumes et de sang. C'était la première fois que je voyais un être mourir : mes parents (où étaient-ils à ce moment-là ? je n'en ai aucune idée) étaient rentrés et m'avaient trouvé en larmes assis devant la cage-tombeau, incapable de parler, incapable même d'expliquer ce qui s'était passé. J'étais persuadé d'être responsable de cette mort et je ne réussissais qu'à dire en ravalant mes pleurs « c'est de ma faute, c'est de ma faute ». Mon père avait essayé d'apaiser mes sanglots : « Mais calme-toi, enfin, c'est rien, on s'en fout de l'oiseau ! » La scène m'avait sérieusement troublé, si bien que ma mère avait fini par m'interdire de dessiner des oiseaux morts comme je le faisais presque mécaniquement dans mes cahiers. Quelques mois plus tard, j'avais supplié mon frère de me passer la vidéo des *Oiseaux* qu'il avait enregistrée sur le magnétoscope. J'avais regardé le film d'Hitchcock une première fois, en cachette, terrorisé, sur la télé du grenier. Puis je l'avais revu trois, cinq fois, je ne sais plus. La nuit, le croassement des corbeaux et le cri des mouettes tournaient dans ma tête et s'agrippaient à mes cheveux. Dans mon lit, je jouais parfois à me barricader, comme dans la scène où Tippi Hedren est assaillie dans la chambre au dernier étage de la maison. Je jetais des peluches contre ma cabane – elles représentaient les oiseaux et leurs becs n'étaient pas tranchants, ça me permettait de survivre. Un jour, la cassette avait disparu. Puis, j'avais fini par penser à autre chose, substituant aux angoisses ornithologiques d'autres inquiétudes plus acceptables comme réussir à l'école, plaire à mes parents et aux filles : « on s'en foutait de l'oiseau ».

En regardant ces images de pluies à Bonsecours, j'avais eu l'impression de voir ressurgir une part enfouie de mon enfance. Comme si ces chutes participaient d'une catastrophe ancienne se révélant enfin. L'employée Blue Seine me souriait et je ne la regardais pas vraiment. J'aurais dû lui expliquer que depuis quelques jours, cette fixation autour des oiseaux me soulageait presque. Tout ne tournait plus seulement autour de moi.

Mon père vivait encore à Bonsecours et j'avais pensé qu'il pourrait en savoir plus. J'avais essayé à plusieurs reprises de l'appeler, mais il n'avait pas répondu.

Si, trois jours après cette pluie spectaculaire à Bonsecours, une deuxième chute n'avait pas eu lieu à Blainville-Crevon, à quelques kilomètres au nord de Rouen, puis le lendemain à Bardouville, en face de l'abbaye de Saint-Martin, dans une boucle de la Seine à nouveau, je ne sais pas si j'aurais embarqué, ou du moins si vite.

J'étais assis au café au croisement de la rue des Martyrs et de l'avenue Trudaine. J'avais ouvert le journal, mais mes yeux fuyaient régulièrement les pages pour fixer le manège installé sur la place en face de moi, brillant de couleurs qui n'existaient même pas dans les dessins animés les plus criards. J'observais le regard perdu des enfants qui s'y amusaient (c'est ce que tout le monde faisait semblant de croire). Il me paraissait plutôt que ces gamins qui tournaient ne savaient pas vraiment quel plaisir chercher dans cette giration. Postés dans l'habitacle d'un camion de pompier, d'une navette spatiale, sur le dos d'un héron ou d'une moto – combien de vies ils ne vivraient pas – les petits semblaient guetter et ne guetter pas à chaque passage leurs parents qui répondaient ou rataient cette demande, plongés dans un magazine, une conversation ou simplement peut-être dans le scénario moyen de leur propre vie sans vertige. Le manège m'avait paru ce jour-là un jeu bien grave où l'on s'amuse à ne plus regarder sa mère pour mieux la retrouver à chaque tour ; on se fait peur et on se fait du bien, on cherche à se *rater*. J'observais cette scène en me rappelant qu'il n'y a pas, contrairement à ce que certains essayent encore de faire croire, d'insouciance dans l'enfance. Sur le manège, j'avais revu le garçon aux boucles inquiètes que j'imaginais avoir été, rêvant d'être admiré, de faire sa place dans le monde aperçu en spirale, perdu dans ses désirs, ne sachant pas s'il serait mieux dans l'hélicoptère ou accroché à Mickey. Puis, tournant les pages de mon quotidien, un article avait arrêté net mes rêveries : « Nouvelles pluies d'oiseaux morts en Haute-Normandie le long de la Seine, à Blainville-Crevon et Bardouville. Autour du fleuve, les interrogations se multiplient. »

J'avais passé le reste de la journée dans mon lit, comme si la nouvelle était trop lourde pour que je me maintienne debout. Après le premier reportage, je m'étais mis très consciencieusement à découper tous les articles sur l'événement et à les ranger dans un cahier. *Paris-Normandie* avait traité le sujet à de nombreuses reprises, dont une fois sur une page entière, la presse nationale lui avait consacré quelques entrefilets, les associations de défense de l'environnement avaient envoyé des communiqués, les clubs locaux d'ornithologie et de chasse avaient fait des déclarations, des êtres humains avaient posté des messages sur des forums internet. Je recopiais tout dans ce cahier. J'y collais photos, images d'étourneaux vivants ou morts, prises à Bonsecours et ailleurs, synthèses scientifiques sur la grande famille des passereaux, et tout ce qui concernait les événements antérieurs comparables à cette pluie. « Je collecte des traces de l'apocalypse en marche », me suis-je dit. Personne ne répondait fermement à la question des causes, les hypothèses étaient trop nombreuses. Rien n'était dit non plus de la chronologie : quand ces oiseaux étaient-ils morts exactement ? Dans les cieux, en s'écrasant à terre, dans une pluie brutale, ou bien longtemps auparavant ? Je me suis replongé dans mon cahier où j'ai collé ce nouvel article. J'avais posé des équations qui ne menaient nulle part, multiplié les dates par le nombre d'oiseaux, divisé les coordonnées de longitude et de latitude par le périmètre de chute des oiseaux. Tout ça ne donnait rien et j'étais plongé dans une agitation brouillonne. J'étais allé sur internet pour relancer la recherche avec de nouvelles listes de mots : « pluie oiseaux morts 20ème siècle normandie » ; « chutes étourneaux rouen bonsecours » ; « seine poison oiseaux blanville crevon » ; « ornithologue spécialiste chute d'oiseaux fleuve » ; « raison mort subite oiseaux en vol » et encore d'autres formules lexicales offertes à l'algorithme que j'espérais tout-puissant. Quand je pensais à l'expression « moteur de recherche », j'imaginais une grosse turbine très bruyante, suintante d'huile et de fumée noire dans la soute d'un paquebot et ça n'allait pas du tout avec la sobriété de la page où figurait uniquement le multicolore « google » dans un grand désert blanc. J'ai essayé de tourner ces mots dans tous les sens en me demandant pourquoi et à la place de quoi ils se fixaient dans mon esprit : *oiseaux pluie mort oiseaux morts oiseaux pluie.* J'ai eu l'espoir qu'il en sorte une phrase logique. Je me levais soudainement et me recouchais, j'avais chaud, j'ouvrais la fenêtre, je fixais les pigeons apathiques du balcon d'en face, comme s'ils pouvaient me livrer des informations. Puis je revenais vers l'ordinateur pour réactualiser frénétiquement la page du site internet de *Paris-Normandie* en attendant du nouveau. Rien ne paraissait sur les oiseaux, rien de plus que ces deux articles relégués déjà dans les tréfonds du site, derrière de plus urgentes guerres et de plus essentielles déclarations politiques. Je m'énervais, j'avais envie de crier ou de m'endormir profondément. J'ai fini par trouver le numéro d'Olivier Villemain, ornithologue du Muséum de Paris cité dans plusieurs articles. Je l'ai appelé en me présentant comme journaliste. Il m'a dit qu'il en avait assez de répondre à des interviews, que tout ça était bien peu de chose, un « événement anecdotique », a-t-il ajouté. Je lui ai demandé tout de même si ce n'était pas suspect ces trois pluies d'affilée. Il m'a dit : « Oui, peut-être, j'en sais rien, ce qui est étrange c'est qu'elles aient toutes eu lieu si proche les unes des autres, le long de la Seine. S'il y a quelque chose à chercher, c'est du côté du fleuve, mais vous savez, pour ce genre d'accidents… » Il n'a pas fini sa phrase, m'a indiqué qu'il était très pressé et a raccroché.

Vers dix heures du soir, je m'étais décidé à sortir de chez moi. J'avais ressenti le besoin de voir quelqu'un d'autre que les pigeons d'en face et mon reflet inquiet sur l'écran de l'ordinateur. J'avais retrouvé Gilles rue Véron, au Grand Hôtel de Clermont, qui est tout sauf un grand hôtel et accueille essentiellement des buveurs de Suze d'un autre temps. Je lui avais parlé des oiseaux et de mon besoin excessif de comprendre ce qui se passait. J'avais tout repris à zéro. Je lui avais raconté Bonsecours, Blainville, Bardouville, les pluies récurrentes, le perroquet cinglé. Il m'avait regardé avec un sourire qui me semblait tout à fait inapproprié. Je lui avais dit : « Rien ne tombe sur rien par hasard. J'ai l'impression que les oiseaux se sont écrasés sur moi, sur mon village, sur mon enfance, ou peut-être sur tout autre chose. Sur nous. Sur notre obsession pour les chutes. Les journaux nous épuisent avec la crise, avec leur "sentiment collectif d'écroulement". C'est devenu une deuxième peau, la crise. On ne s'en rend même plus compte. Tout le monde vit avec la crise, dans la crise. Mais des oiseaux tombent du ciel, et personne ne les regarde. » Gilles avait ri et m'avait défié : « Eh bien, vas-y alors, regarde-les tes étourneaux. Et tu pourrais les regarder de plus près, plutôt que de traîner sur internet. Ouvre les yeux pour de vrai. Toutes les chutes ont eu lieu le long de la Seine ? C'est déjà une piste, comme disait ton ornithologue. Tu pourrais enquêter, te rendre utile. » Je l'avais interrogé du regard. « Oui, tu pourrais y aller, explorer, on peut dire que la fac te laisse du temps libre, non ? » « Je n'ai pas le permis, Gilles, et les zones de chutes sont loin des gares, les oiseaux ne sont pas tombés sur la ligne 4. » « Qu'est-ce qui t'empêche de retourner chez toi, enfin chez ton père, de marcher le long de la Seine ou de faire du stop ? » C'était à ce moment que l'idée m'était venue : quel meilleur moyen d'observer ce qui se passe sur les rives du fleuve que d'y naviguer ? C'était le seul point commun évoqué par l'ornithologue, il fallait s'en servir, trouver une péniche qui nous accueille à son bord, faire du bateau-stop, dégoter une barque. J'avais proposé à Gilles de venir avec moi. Il m'avait répondu avec quelque chose comme de la pitié dans la voix que « les oiseaux, ce n'était pas son truc ». Je m'étais échauffé : « Mais ce n'est le truc de personne, Gilles. Moi non plus c'est pas mon truc, ce n'est pas la question. Mais il se trouve qu'il tombe des oiseaux en ce moment, à quelques kilomètres d'ici et que même si ce n'est le truc de personne, c'est tout de même un truc. » Il avait laissé passer un silence puis il s'était moqué de moi, aspirant prophète criant face à la pluie, grisé d'être seul sur le chemin, invoquant les oiseaux pour parler à la foule.

Gilles n'avait peut-être pas tort de se foutre de moi. Et puis, il devait travailler, il avait un procès à préparer, des dossiers à boucler pour la semaine suivante. J'étais à l'âge où la plupart de mes amis donnaient à leur vie un tracé cohérent, construisant carrières et relations sentimentales stables, avec des lignes claires et de jolies couleurs. De ce point de vue, j'en étais encore à des gribouillis d'enfant daltonien. Depuis que je m'étais séparé d'Anastasie, je tombais amoureux toutes les semaines, tous les jours plusieurs fois, à l'arrêt de bus, à la bibliothèque. En présence de mes amis, je me sentais flotter en apesanteur, ludion emporté dans un bain trouble par des années hésitantes et des études trop longues. La plupart des gens autour de moi vivaient sans doute aussi sur le mode de la grande diversion, mais ils jouaient mieux la comédie adulte. J'avais commencé à expliquer à Gilles ma théorie de la *grande diversion*, mais il s'était mis à rire de nouveau et m'avait renvoyé à mon angoisse démesurée. Je me débattais avec elle depuis bien plus longtemps que les oiseaux et avec d'autres questions encore, des peurs d'inexister, le sentiment de piétiner, mais aussi l'espoir mal formulé qu'un jour l'aventure commencerait peut-être. J'avais commandé une autre bière : il me semblait que je n'avais pas d'autre choix que de faire de ces pluies d'oiseaux morts une affaire personnelle.

En attendant le départ du *Seine Princess*, cinq jours plus tard, j'ai continué à prendre des notes et à relire mon cahier. J'ai traîné et cherché des livres à mettre dans ma valise. J'avais du temps et quelques centaines d'euros sur mon compte : l'université me versait une bourse, pour encore plusieurs mois, afin de faire une thèse que je ne faisais pas, situation plus inquiétante que confortable.

J'ai donc poursuivi mes recherches sur les oiseaux sérieusement, avec le perfectionnisme angoissé des bons élèves, car ces étourneaux s'étaient pour ainsi dire abattus sur moi, le long de ce fleuve qui me reliait à l'enfance. Ce sentiment de culpabilité était à la fois mon plus grand poids et l'une des seules forces capables de me mettre pour de bon en mouvement. En quelques jours, j'avais recueilli toutes les coupures de presse disponibles sur les chutes d'oiseaux, y compris sur internet (sur le moteur de recherche, j'avais atteint la page 172 avant de refermer, déçu, ce roman fragmentaire et souvent inepte). Il fallait donc élargir le champ de mes investigations, étendre mes filets plus loin pour trouver d'autres réponses. Je ne sais pas pourquoi mes souvenirs de catéchisme m'ont d'abord guidé : j'ai revu la salle paroissiale glaciale qui bordait le presbytère à Bonsecours, et j'ai entendu distinctement le cheveu sur la langue du père Simon qui nous racontait les aventures de l'orphelin Moïse et d'autres scènes édifiantes des Ancien et Nouveau Testaments. Il m'a semblé évident qu'il fallait poursuivre mon enquête de ce côté. J'ai ouvert ma *Bible de Jérusalem.* Comme un livre scolaire, elle était recouverte de plastique et au revers de sa couverture figuraient toujours, tracés au stylo bic rouge d'une écriture pointue, mon nom en majuscules, mon prénom en minuscules suivis de la mention *6e4.* Pendant un instant, j'ai regretté l'âge protégé où école et croyance étaient obligatoires.

Les pluies d'animaux y étaient nombreuses. La plupart du temps, il s'agissait de punitions. Le livre de l'Exode relate comment Yahvé les multiplia contre Pharaon qui refusait de libérer les juifs d'Égypte. D'abord les grenouilles qui « crevèrent dans les maisons, dans les cours et dans les champs » et empuantirent le pays, puis les sauterelles pour qu'elles dévorent toute l'herbe, et entre-temps la grêle, les moustiques et les taons. J'ai repensé aux piqûres acides de taons en Corse lorsque je me promenais près des troupeaux de chèvres, et j'ai imaginé mon corps couvert de ces mouches cuivrées qui cachent leur jeu, sucent le sang du bétail et des hommes. Comment savoir s'il ne s'agissait pas des mêmes taons que ceux expédiés par Yahvé à Pharaon, ou tout au moins leurs ignobles descendants ? Comme à chaque fois, Yahvé avait pourtant prévenu Pharaon : « Si tu ne veux pas laisser partir mon peuple, je vais envoyer des taons sur toi, sur tes serviteurs, sur ton peuple et sur tes maisons. Les maisons des Égyptiens seront pleines de taons, et même le sol sur lequel ils se tiennent. »

Yahvé respecte sa promesse et fait pleuvoir des taons, comme il a fait pleuvoir des sauterelles et des grenouilles.

Bonsecours doit-elle aussi expier quelque chose ? Un peu plus tard, dans le même livre de l'Exode, il y a une pluie de cailles. Cette fois-ci, il ne s'agit pas de punir les Égyptiens, mais bien de venir secourir les Hébreux. Cela fait deux mois qu'ils sont sortis d'Égypte : ils meurent de faim dans le désert de Sin, entre Elim et le Sinaï, et commencent à nouveau à douter de l'existence de l'Éternel. Ils se mettent à « murmurer » contre Moïse et Aaron, et même à murmurer bruyamment contre Dieu. Si bien que Moïse leur annonce par la voix d'Aaron que l'Éternel a entendu leur murmure et qu'il leur donnera de la viande. Et, puisque cela semble être un canal privilégié du Très-Haut, la multiplication des pains se fait le soir même sous la forme de chute d'oiseaux morts. Au réveil, un matin, la rosée blanche se transforme en une sorte de gâteau au miel : voilà un repas presque complet.

J'avais du mal à m'y retrouver avec toutes ces chutes, plaies ou cadeaux des cieux. Comment interpréter cette logique d'import-export entre la Terre et le Ciel ? Cette pluie d'oiseaux à Bonsecours était-elle le signe qu'il était grand temps de fuir le royaume de France, d'ouvrir la mer Rouge pour se barrer bien vite, en suivant le premier Moïse qui se présente ? La seule certitude était que tout ça ne datait pas d'aujourd'hui.

Deux jours après cette nuit biblique, je me suis retrouvé tout au bout du quai de Bercy, devant le *Seine Princess.* Pour monter sur la passerelle, la plupart des passagers ont eu besoin d'être soutenus sous peine de finir à l'eau. Je les ai regardés s'élever un à un, précautionneusement, pensant que c'était peut-être un mythologique Charon qui se cachait sous les traits de cette hôtesse d'accueil prévenante, et qu'ils embarquaient sans le savoir pour leur dernier voyage.

Tout le monde faisait semblant de s'être lancé dans une grande traversée fictive et paraissait prendre plaisir à cette fiction. L'équipage était entièrement vêtu d'uniformes dignes d'un paquebot transatlantique : vestes croisées boutonnées d'or, jupes et pantalons marine, galons dorés aux manches, épaulettes, cravates noires, écussons *Blue Seine*, regards rassurants et casquettes inquiétantes. Les passagers traînaient derrière eux des valises immenses, et à tout moment je m'attendais à voir arriver des femmes de chambre et des valets empressés portant leurs boîtes à chapeaux et leurs malles en osier. J'ai hésité à mon tour à faire comme si je partais pour Saïgon en 1923.

Tout cela ressemblait aussi bien à un car de retraités

sur l'eau : camaïeux de couleurs marron et orangés, appareils photo en bandoulière, âmes alanguies de touristes fluviaux.

Une fois à bord, j'ai rejoint la cabine pour y poser mon sac. On m'avait donné rendez-vous un quart d'heure plus tard pour un « briefing » inaugural. J'ai sorti quelques affaires que j'ai rangées dans un placard comme si je m'installais pour plusieurs mois. J'avais fait ce voyage à des dizaines de reprises en train, mais c'était la première fois que je rejoignais Bonsecours par le fleuve : jamais il ne serait aussi long et tortueux de revenir chez moi.

Juste après mon départ pour Paris, j'étais souvent retourné à Bonsecours, pour voir mon père. Puis de moins en moins, puis plus du tout. Ma mère n'était pas loin, elle avait déménagé en banlieue après leur séparation, et je faisais mes études à Paris : Bonsecours et la maison paternelle n'étaient ni assez proches ni assez exotiques ni assez chaleureuses pour rester vraiment attractives comme disent les brochures touristiques.

En préparant mon voyage quelques jours auparavant, j'étais allé sur le site internet de la ville pour voir s'il y avait du nouveau. J'avais lu : « Bonsecours est une commune résidentielle d'un peu moins de 7 000 habitants, jouissant d'une solide réputation de quiétude et de vitalité en matière sportive et culturelle. » Peut-être était-ce parce que la ville associait si parfaitement *quiétude* et *vitalité* qu'elle semblait ne pas exister. Pourtant elle était sur la carte, à quelques kilomètres de Rouen. Et son existence avait été confirmée par cette précipitation, mortelle, incohérente et vivifiante. Bonsecours est peuplée de Bonauxiliens, un nom qui fait penser à ce métier né avec le nouveau millénaire : « auxiliaire de vie », ces gens valeureux qui s'occupent des vieux incapables de sortir de chez eux.

Suzanne – chaque membre de l'équipage avait son prénom inscrit sur une plaque en simili cuivre épinglée sur le cœur – a pris la parole dans le restaurant (pont supérieur). Elle s'est présentée comme « la commissaire de bord », responsable de la restauration et de l'hébergement. « Je suis un peu le chef d'orchestre et je ferai le lien entre vous et l'équipage, qui est ici en permanence à votre service. » Ce voyage était une symphonie, dont Suzanne dirigeait les premières mesures. Elle a nommé un à un les membres de l'équipage, serveurs, chef de cuisine, capitaine, animatrices… Puis elle a détaillé les escales à venir, les activités proposées, « l'esprit » des repas. J'écoutais la mélodie de façon flottante, il y avait de la gym le matin, il y avait du piano le soir, il y avait des visites de musées, il y avait un bar, trois repas par jour et un supplément champagne. La vie continuait.

Parmi les passagers, j'étais de quarante ans environ le benjamin. Après un regard circulaire, j'ai choisi de m'asseoir à la table du fond où il y avait deux moustachus et trois femmes aux permanentes impeccables.

Une fois le concert de Suzanne achevé et sagement applaudi, est arrivée l'heure du petit déjeuner, premier repas d'une longue succession qui rythmerait la vie fluviale. Le *Seine Princess* a appareillé du quai de Bercy tandis qu'on nous servait des mini-viennoiseries. Cette association du mignon et du microscopique m'a rappelé le projet à haut potentiel commercial qu'avait eu un jour Anastasie : « Il faudrait, me disait-elle, créer des dauphins miniatures, tu vois, des microdauphins. C'est l'animal le plus aimé dans le monde. On le modifie génétiquement, on le rend minuscule, format aquarium d'intérieur, et hop on le vend par centaines de milliers. » Il était peut-être temps de contacter un biologiste marin pour lui proposer l'idée. Mais je me suis contenté de manger un mini-pain aux raisins, en regardant sans déplaisir les désespérantes tours de la BNF – livres de verre frigorifiques où je passais des journées glaciales – s'effacer dans le hublot.

— Bonjour, vous êtes seul ?

C'était le moustachu numéro un.

— Euh, oui… Oui, je suis venu seul.

Il y a eu un court moment de silence. Je comprenais à l'instant qu'il était difficilement imaginable de faire une telle croisière en dehors d'un « projet de couple » et avant un certain âge.

— Ah, mais très bien.

Il s'excusait presque.

— Je vous présente ma femme, Véronique. Je suis Jean-Pierre. C'est la deuxième fois qu'on navigue avec les croisières *Blue*. Qu'est-ce qui vous amène à bord ?

— J'imagine que, euh, la découverte de la Seine, la péniche, enfin, le programme a l'air très intéressant.

Je ne savais pas quoi ajouter à cela, mais il fallait jouer le jeu. Je n'ai pas été très inventif :

— Que faites-vous dans la vie ?

— Eh bien, je suis ingénieur, dans l'armement, enfin à la retraite maintenant.

Il m'a tendu sa main et a serré la mienne fermement. Après quelques autres banalités, « je vous ressers du café », « les croissants sont très bons » (manie des vieux de commenter la nourriture), j'ai expliqué la raison de ma présence, à l'intersection entre tourisme sans objet et enquête hasardeuse, double justification vaporeuse comme cette matinée parisienne.

Jean-Pierre n'y semblait pas insensible. Au bout de quelques minutes, j'ai fini par sortir mon cahier des oiseaux morts, et j'ai fait l'exposé des événements recensés depuis quelques jours. Je présentais les articles, montrais les photos, page après page. J'énonçais des hypothèses.

— Je m'y connais en oiseaux, vous savez.

Il a souligné sa phrase par un moment de silence. Puis, il a repris : « Je connais même une singulière histoire de pigeons. » Ah, oui ? Je l'ai interrogé du regard. « Les oiseaux, ce qui vole, ce qui tombe, c'est mon truc. »

Je me suis empressé de lui demander ce qu'il avait bien pu faire dans l'armement. Sa moustache a tremblé un peu. Il avait suffi d'un haussement de sourcils pour que le char d'assaut de son récit se mette en marche. Il s'était très tôt spécialisé dans la balistique dès la sortie de son école d'ingénieur, en 1956. À l'époque, l'URSS et les États-Unis dominaient évidemment ce secteur. La France se défendait un peu, comme elle pouvait. « On essayait de construire une balistique à la française », a-t-il spécifié, et l'étrangeté de cette formulation m'a plu. Très vite, Jean-Pierre est devenu plus précis, il a cité les missiles soviétiques, exposé leurs caractéristiques, comparant les techniques américaines et russes : le R-13 mer-sol (portée 600 km, précision 1 800 m, propulsion ergol hypergolique), le R-9 sol-sol (propulsion au kérosène et oxygène liquide, portée de

11 000 km, charge pouvant aller jusqu'à 2,3 millions de tonnes), énumérant enfin (je m'y perdais) une nouvelle série de missiles, le SM 68 Titan des États-Unis, le LGM 30F-Minuteman, le M1 français sur lequel il avait travaillé dix ans, le programme Pluton, le programme Hadès, tous les dieux grecs de la création détournés en technologies de pointe, des chiffres associés à des lettres, des statoréacteurs, des missiles anti-chars, des missiles anti-navires, des missiles anti-aériens, des missiles anti-satellites, des missiles anti-missiles.

Je l'ai relancé à quelques reprises par de petits grognements amicaux. Je saisissais à peine le fonctionnement exact de ces engins (une fusée, un moteur, un radar peut-être, des cibles et des traversées aériennes), pourtant je me délectais de ses paroles : j'aimais cette obscurité née de l'accumulation de détails, ces chiffres qui permettaient d'échapper au plan large, au récit, à la cohérence. Souvent, il est préférable que l'anecdotique submerge la vie alentour. Je rêve qu'un jour la vie ne soit plus que l'accessoire qu'on peut oublier vite, sans culpabilité, plan macroscopique, exactitude anonyme, monde intégralement myope où, ayant ôté ses lunettes, le réel nous laisserait enfin tranquilles dans sa profusion illisible de détails. Il s'agissait, ai-je résumé dans ma tête, de construire des projectiles qui partent le plus loin possible et visent le plus précisément des cibles. Jean-Pierre se faisait volubile et j'admirais qu'on puisse mettre tant de chaleur dans cette froide explication. Il m'offrait une épopée des missiles balistiques, avec bases secrètes, espionnage industriel, programmes aux noms ridicules, toute une guerre fictive et technologique qui préparait les sophistications actuelles.

Il avait délaissé son histoire de pigeons depuis un bon moment. Le bateau quittait maintenant les quais parisiens et tout le monde était sur le pont pour le monumental défilé des monuments. Nous étions seuls à une table et, derrière nous, Paris exposait ses façades trop ravalées.

— Et les pigeons, dans tout ça ?

Il était peut-être temps de remettre un peu de douceur à bord du *Seine Princess* et je craignais de me laisser piéger trop longtemps dans la guerre froide balistique. Un serveur a évacué les tasses de café, effacé les miettes, sécurisé la zone. Nous sortions de Paris, et passions devant Issy-les-Moulineaux. *Moulineau*, « petit moulin » – tout était rétréci ce matin.

— Eh bien, j'y viens aux pigeons, j'y viens. Le missile rêvé, c'est le missile intelligent, le missile vivant. Voyez-vous, tout ça, toutes ces armes balistiques, c'est devenu possible grâce à des techniques de guidage : le téléguidage, puis l'autoguidage. Et l'autoguidage, il existe grâce au radar. Je passe sur les détails techniques : en gros c'est un système d'ondes électromagnétiques. Vous savez comment on faisait avant, pour guider les missiles ? Eh bien, avant le radar, tout simplement on ne les guidait pas, tout dépendait de la façon dont on les lançait : angle, portée, puissance, etc. Donc j'en viens aux pigeons et à votre affaire, ne vous inquiétez pas.

« En 1942, un ingénieur américain – en fait, il n'était pas vraiment ingénieur, mais psychologue – et pas vraiment psychologue, mais psychologue animalier – un type important, reconnu, professeur à Harvard, décide d'affronter le problème capital du guidage des missiles.

On est au cœur de la guerre, Pearl Harbor vient d'avoir lieu, la course aux armements bat son plein. Ce type, il s'appelait Skinner, était, disons, un successeur de Pavlov. Il avait retenu la leçon du maître : on peut "conditionner" les réflexes animaux, faire que le chien lève la papatte, etc. Il avait nommé ça le "conditionnement opérant" : apprendre à des bêtes à réagir à des signaux complexes, voire à les anticiper. Ce qu'il avait proposé à l'armée américaine était assez simple. Pour guider un missile, il suffirait d'utiliser des pigeons, de les conditionner à repérer un point sur un plan, puis de les enfermer dans un missile et faire en sorte qu'ils picorent la carte pour maintenir l'axe du projectile. Skinner s'est dit quelque chose de bien simple, "une arme intelligente a besoin de pilotes intelligents". Or, les pigeons sont des animaux intelligents, on l'ignore un peu trop aujourd'hui. Il les a donc entraînés à réagir à des formes visuelles, sachant que leur cerveau est trois fois plus rapide que celui d'un humain pour ce genre de tâches. Lorsqu'il pique comme il faut l'image avec son bec, une petite trappe s'ouvre qui offre au pigeon quelques graines de récompense. Dès que le missile s'éloigne de sa cible, l'oiseau donne un coup de bec et rectifie la trajectoire. On ne met pas un, ni deux, mais trois pigeons dans le même missile pour équilibrer leurs possibles erreurs de picorage. Voilà l'instinct animal associé à la technique militaire. Le volatile ne se contente pas de passer un message au-dessus des tranchées, il apporte une bombe, il devient pilote kamikaze. Skinner avait trouvé un nom pour tout ça : *the Pigeon Project.*

Son enthousiasme était revigorant, pourtant il était difficile de ne pas se demander si Jean-Pierre ne se mettait pas à véritablement débloquer. Le *Pigeon Project* ? Vraiment ? Il m'a assuré de son sérieux : l'armée américaine avait réellement investi dans ce projet resté secret quelques années. Ils avaient donné 25 000 dollars à Skinner pour le développer, ce qui pour l'époque n'était pas une petite somme. Celui-ci avait entraîné des pigeons pendant plusieurs mois, il les avait formés à jouer au ping-pong, à se reconnaître dans un miroir et à picorer des cibles de façon de plus en plus complexe, il les avait harnachés, avait testé son matériel.

En parallèle, un autre type avait proposé aux militaires de transformer des colonies entières de chauves-souris en bombes incendiaires qui seraient larguées par avion. Évidemment, personne ne croyait vraiment à ces projets loufoques, mais on ne les méprisait pas pour autant. L'*US Army* pouvait-elle décemment confier des explosifs à des pigeons, fussent-ils éduqués ? En 1944, le radar a été découvert. L'électronique était tout de même une science plus rassurante que trois *birds* conditionnés à reconnaître un point sur une carte. Le *Pigeon Project* fut aussitôt abandonné.

— Vos oiseaux tombés du ciel, là, ça ne vous dit rien ? Les kamikazes, tout ça, les pigeons, on n'est pas loin…

J'avais du mal à croire que mes chutes d'étourneaux puissent être liées à ce « projet pigeon », mais l'hypothèse n'était pas inintéressante. Et puis, au point où j'en étais. À un stade de l'enquête, il y a toujours quelqu'un qui propose la théorie du tireur isolé, celle du loup solitaire, l'acte incompréhensible et indétectable. C'était vers cet incompréhensible indétectable que j'essayais d'avancer. Quelqu'un avait-il armé des oiseaux pour chuter ? Un ingénieur nostalgique aurait-il poursuivi le programme de Skinner et fait exploser des étourneaux en plein vol ?

Jean-Pierre est parti vers les toilettes en s'excusant. J'ai noté dans mon cahier des détails sur le *Pigeon Project*, on ne sait jamais. De quelle guerre inédite Bonsecours était-elle le champ de bataille ? Je préférais les guerres qui n'avaient jamais existé, les armes qui n'avaient jamais vu le jour que dans l'esprit d'ingénieurs tordus, de stratèges méprisés, de psychologues animaliers et de généraux déserteurs. J'ai dessiné dans mon cahier un pigeon accroché à un missile. À ce moment-là, m'est revenue très précisément l'image de ces pigeons-paons découverts à l'Oisellerie du Pont-Neuf, quai de la Mégisserie (un corps de pigeon, une queue de plumes grises en éventail). Je les avais observés longtemps, charmé par la rencontre biologique d'une espèce si vaniteuse et d'une autre si méprisée. J'ai imaginé un pigeon-paon s'engageant dans une bataille aérienne, je le voyais faire la roue sur le chemin de la mort, déployer son plumage orgueilleux dans le ciel en picorant vers sa cible avec un regard maléfique. Cette vision d'un pigeon-paon devenant pigeon de combat s'est transformée en mots et l'expression « pervers narcissique » m'est soudain venue à l'esprit. La formule était à la mode, on la voyait fréquemment en une des magazines. C'étaient les nouveaux ennemis cachés, la force obscure régnant sur notre quotidien : « Repérer un pervers narcissique dans votre entourage professionnel » ; « Votre mari est-il un pervers narcissique ?» ; « Témoignage : j'ai vécu quinze ans avec un pervers narcissique », etc.

En dessous de mon dessin – en était-ce la légende ? –, à l'encre rouge, j'ai donc inscrit cette interrogation ornithopsychologique :

les oiseaux sont-ils des pervers narcissiques ?

J'ai quitté le *Pigeon Project* au niveau de l'Île-Saint-Denis, je ne voulais pas manquer plus longtemps la sortie de Paris. Je suis monté à l'air libre, sur le « Pont Soleil », qui défiait la météorologie. Je me suis posté à tribord dans l'un des fauteuils transatlantiques alignés pour cette traversée régionale. La Seine fait des détours, beaucoup, creuse des méandres, plein. C'est dû à sa très faible déclivité. Le « carnet de voyage » distribué par Suzanne il y a quelques heures me l'avait appris : le mot Seine vient du latin *Sequana*, qui est le nom de la déesse source et veut dire originellement *s'écouler*, ce qu'en effet ce fleuve accomplit très exactement.

Le texte précisait : « entre Paris et la mer, le fleuve descend de 26 mètres ». Très lentement, pendant cette petite croisière, nous allions chuter d'un immeuble de dix étages.

Pour occuper mes yeux, j'ai attendu chacun des méandres en pensant qu'en même temps qu'une nouvelle perspective arriverait une réponse à mes interrogations. J'étais à l'affût. J'espérais en permanence la surprise visuelle. Avant de partir, j'avais entouré sur une carte les zones industrielles qui bordaient la Seine (la traversée pouvait aussi se faire voyage dans le temps, celui d'une ère glorieuse dont il restait encore quelques traces plus ou moins vivantes sur les berges). Parfois, les cheminées me faisaient languir pendant plusieurs lacets : anciennes usines Billancourt, station de retraitement des eaux d'Achères, usines Peugeot de Poissy, centrale thermique de Porcheville, usines chimiques de Vernon et sans doute bien des cimenteries anonymes, manufactures cachées et autres raffineries effacées par les siècles. Je savais qu'à ces endroits, mon attention devait se faire plus forte. Avec ces oiseaux morts, j'étais peut-être sur la piste d'un véritable scandale chimique.

Je me laissais prendre par le chemin sinueux, je l'inspectais avidement du regard, dans une forme d'impatience paysagère. J'étais entièrement affecté par le syndrome de l'arrière-pays, cette douce malédiction des pays non parcourus, de la colline promise, des îles vues de trop loin et des carrefours négligés. Je guettais le domaine mystérieux où ont lieu des fêtes étranges, la courbure d'après où surnageraient les ruines d'un château mangé par la végétation, le col d'où l'on verrait d'un seul regard toute la vallée descendre jusqu'à la mer. « Le truc, c'est de bifurquer », m'avait dit un berger corse un jour – car on croise parfois des bergers corses en Corse. Sur ce fleuve, je pouvais toujours, me disais-je, – jusqu'à la mer – bifurquer, espérer du nouveau, craindre quelque chose : barrage, usine, château, confluent, colonie d'oiseaux, escadre de corbeaux freux, légion de corneilles bleues, pigeons armés, nouvelle écluse et ancien amour.

C'est une voix de femme légèrement éraillée qui m'a éveillé de mon ressassement. Il s'agissait du second (de la seconde ?) du capitaine. Régulièrement, en effet, le bateau ralentissait et une voix commentait dans un micro saturé les monuments remarquables que nous avions la pittoresque chance de longer. Les messages étaient retransmis dans de multiples haut-parleurs, comme la parole divine envahissant une crypte : « Chers passagers, sur votre gauche, vous pouvez apercevoir la ville de Médan et à travers les arbres la célèbre maison où vécut l'écrivain Émile Zola. Sur l'autre rive, l'ancienne base de loisirs, aujourd'hui abandonnée, de Physiopolis sur l'île du Platais. »

Cette voix a provoqué une petite vibration en moi : elle était fragile et chaude en même temps, comme un morceau de vieux bois verni. Elle semblait faite pour de bien plus belles choses que des annonces touristiques : peut-être entonnerait-elle plus tard des airs de Nina Simone. *O Lord, please don't let me be misunderstood.*

J'ai jeté un vague regard à la bourgeoise demeure de Zola qui, comme l'écrivain, m'intéressait assez peu. Ce que j'ai vu sur la droite m'a en revanche saisi. Cette « base de loisirs » (toute la tristesse que contiennent chacun et tous les mots de cette expression) laissait apparaître depuis la rive une vaste piscine rectangulaire remplie d'une eau brunâtre et boueuse. Mon regard a été arrêté par ce bassin abandonné et son plongeoir cassé en deux, puis mes yeux ont suivi la forme du très haut toboggan qui s'y jetait. Un escalier en colimaçon grignoté par la rouille et par de fins arbustes sauvages qui semblaient l'attaquer menait jusqu'en haut de la rampe. Il descendait en zigzag du côté du fleuve et vers la piscine, le rose et le bleu passés du plastique laissant filtrer la lumière grise du matin. Les piliers qui le soutenaient paraissaient chacun près de s'effondrer sous le poids d'enfants imaginaires. Derrière émergeait un bâtiment semi-circulaire à colonnades qui avait dû abriter des vestiaires et des douches, une buvette sans doute, un solarium sur le toit, et qui ressemblait aujourd'hui à un temple grec en béton armé abîmé, temple d'Apollon peut-être, dieu des loisirs et des week-ends au vert, divinité des corps sains et des cornets de glace, des journées trop courtes et des muscles tendus. C'était le domaine de Physiopolis, ville presque engloutie qui tenait encore maladroitement debout, et dont on pouvait tenter d'imaginer la vie éteinte. On avait dû y faire de grandes fêtes en bikini : célébrations du soleil, parodies mythologiques, farandoles sépia et chœurs d'enfants assoiffés de citronnades chantant l'amour vainqueur et la vie opportune. Sur ce toboggan serpentant vers sa disparition, on pouvait tenter d'apercevoir des gamins montant quatre à quatre l'escalier dans une ronde ininterrompue, écouter les échos de leurs cris à chacune de leurs glissades. C'était ce qu'il y avait de mieux à faire, plisser les yeux sur ce transat automnal et se laisser bercer par le brouhaha ancien de simples journées d'été.

Le bateau a repris son rythme, on ne pouvait s'arrêter à chaque ruine, n'en déplaise au penchant des passagers pour l'affaissement. Je regardais les bords du fleuve, les petits affluents, les bosquets et ce qu'on appelle des « ports », qui ressemblent plutôt à des assemblées plus ou moins denses de péniches. Amarrées comme pour l'éternité, on doutait qu'elles puissent un jour repartir et vaincre le courant d'autres fleuves, de véritables océans. Je voyais mal notre *Seine Princess* fendre les flots. Elle manquait de grâce. Ses proportions lui donnaient plutôt l'apparence d'un éléphant de mer inquiet, rampant à la surface des eaux. Si elle s'arrêtait dans un de ces ports, elle non plus ne repartirait jamais, qui sait. Passagers et membres d'équipage se satisferaient alors de devenir une petite congrégation de voyageurs endormis pour une retraite sans fin dans un renfoncement du fleuve.

La végétation sauvage colonisait les rives, je cherchais des percées à travers les saules, j'espérais de la lumière au milieu des arbres bas, et j'essayais de m'imaginer sur le Mississippi, de me transporter dans le bayou. Il me suffisait de me tirer de la péniche du troisième âge et de me jeter sur le radeau du *teenager* Huckleberry Finn et de son ami Jim. Je rirais fort aux blagues de Huck, crierais de joie et de frayeur lorsque nous serions pris dans les caprices inattendus du fleuve, et nous nous cacherions en silence aux abords des villages. Je revoyais le grand livre illustré à couverture marron où j'avais découvert les aventures d'Huckleberry, et dans mon souvenir, très distinctement, apparaissait encore le dessin de l'esclave Jim planqué au fond de la barque, suant à grosses gouttes sous un saule pleureur.

Mon père me lisait ce livre le soir, tout en fumant ses cigares dont l'odeur avait progressivement pris toute la place dans mes nuits, dans ma vie, dans mes vêtements d'enfant. Après les romans de Mark Twain, il m'en avait lu bien d'autres. Il y avait eu *Quentin Durward*, l'archer écossais de Walter Scott. Et puis surtout *L'Île au trésor* de Stevenson, le plus excitant de mes périples d'enfant.

Une femme sans âge aux cheveux ivoire très courts est sortie sur le pont fumer une cigarette ultrafine de film américain. L'aventure aura peut-être éternellement pour moi un parfum de tabac froid : l'odeur de la Vogue se confondait avec la fumée de la pipe de Long John Silver qui se confondait avec celle du cigare de mon père tandis que je me prenais pour le petit Jim Hawkins, embarqué dans l'expédition de sa vie et cherchant dans un pirate à jambe de bois et perroquet sur l'épaule les échos d'un père duplice.

Je me suis appuyé à la rambarde et je me suis penché comme si je voulais attraper quelque chose qui venait de tomber. J'ai regardé le fleuve, étonné qu'il y ait si peu de courant. Et si la Seine ne s'écoulait pas vraiment ? J'étais absorbé par l'eau brune et par l'image enfumée de mon père et je me suis demandé si ce n'était pas lui qui avait servi d'origine indirecte à ce départ fluvial. Le rêve que j'avais fait quelques nuits avant la première chute d'oiseaux m'est revenu. C'était un de ces rêves qui semblent indiquer une route qui n'apparaît pas sur les cartes. Dans une sorte de documentaire animalier brumeux dont je me souvenais pourtant le matin avec une inquiétante exactitude, je m'étais vu près d'une rivière et dans une rivière – à la fois en train d'observer le cours d'eau et à l'intérieur de son lit – sous les traits d'un saumon remontant à contre-courant. Mon père apparaissait, mais était-il saumon ou humain ? Je me rappelais seulement le torrent, le saumon, le verbe *remonter*, et la pitié pour l'animal que j'étais, regardé depuis la rive.

Au réveil, j'avais pensé au cycle des saumons, périple du même au même, avec entre les deux la vie, la procréation, beaucoup de rochers et la mort. Avant de retourner vers le ruisseau pour retrouver le lieu exact où ils ont été mis au monde, la peau des saumons passe du gris au rouge, et leur tête devient verte. À la fin de leur vie, ils se transforment en feu tricolore, un feu qui se change en armure de combat avec lances et crochets, mâchoires énormes, et sur le dos des mâles une nouvelle bosse. Ils se préparent à se battre pour obtenir les femelles, avant de mourir une fois leur œuvre accomplie. Cette mission implique de parcourir plus de mille kilomètres, et exige une force inconcevable : la vie des saumons est un grand aller-retour avec plein de cascades à remonter et à descendre et dans tout ça beaucoup d'écailles à perdre, des prédateurs à éviter, parfois des chiens, parfois des ours, parfois des lynx, parfois des pêcheurs, et souvent l'épuisement. Leur nom vient de là, m'avait indiqué le dictionnaire, du latin *salmonem*, issu du verbe *salire*, sauter. Le saumon est un sauteur, *le* sauteur. En me réveillant de mon étrange rêverie, j'avais eu tout d'un coup envie de m'élancer, et de crier : « Nous sommes tous des salmonidés ! » Je me serais bien laissé aller à l'exagération : « Moi aussi, je remonte, je saute, j'avance contre le courant, contre les prédateurs. »

Dans son langage simpliste et nébuleux, ce rêve m'indiquait-il la direction à adopter ? Suivre la rivière, explorer les faubourgs de mon histoire, revoir mon père ? Resté à Bonsecours, il ne donnait de nouvelles qu'au travers de lettres occasionnelles où il était question de son honneur bafoué, de se tenir droit et d'identité nationale. Avec beaucoup de phrases trop longues et beaucoup de phrases trop courtes, ses courriers ressemblaient plutôt à des tracts. J'essayais parfois de lui répondre, mais je m'arrêtais de fatigue en cours de route. Enfant, j'avais déjà passé un temps considérable à tenter d'empêcher que les conversations familiales ne dérapent en batailles rangées. Car selon mon père, on devait toujours prendre parti, et le faire contre le réel, toujours décevant, toujours incomplet : trop à gauche, trop moderne, trop vulgaire, trop bête. Il fallait ou attaquer le monde, ou le fuir. Les années passant, il avait donc trouvé des moyens de se séparer peu à peu des gens autour de lui : amis, frères, femmes et enfants. Fatigué de lutter, j'avais moi aussi déserté le champ de bataille en m'installant à Paris et en ne répondant plus que par intermittence.

Mon père était né juste après la guerre dans une famille de la bourgeoisie normande. Il avait vécu entre deux époques, pris entre les séductions contemporaines et la perpétuation maladroite du XIXe siècle, de ses traditions inamovibles, et de ses révolutions ratées. Enfant d'un mariage arrangé, il avait dû grandir dans un monde fossilisé de dîners de chasse, de médecins militaires regrettant de ne pas avoir placé leurs fils au Prytanée, de valeurs irrespirables et de règles humiliantes. Autour de lui, le monde s'ouvrait, les perspectives s'élargissaient, c'étaient les années 60 après tout, mais il n'avait pas la parole à table et on l'avait forcé à faire du droit ; son père, tyrannique et triste, tyrannisait et attristait.

En fait, de toute cette jeunesse je ne sais presque rien, car il n'en parlait pas. Peut-être était-elle plus heureuse que je ne l'imagine. La seule chose qu'il racontait était son engagement à Paris dans les luttes trotskistes. Et comment ce fut l'échec majeur et la révélation de sa vie. Il déployait autant de grandiloquence à se reprocher ces années qu'il en avait sans doute mis à les vivre. C'était là pourtant qu'il s'était formé, qu'il avait appris à écrire, à lutter contre tout, à argumenter en permanence et jusqu'à l'épuisement de l'ennemi de classe. C'était à cette époque aussi qu'il avait rencontré ma mère et j'imagine qu'il y avait eu un peu de joie dans tout cela, ou du moins matière à sourire de ces enthousiasmes adolescents. Mais il n'en gardait et n'en transmettait qu'une forme de lamento désillusionné : celui d'avoir fauté, de s'être ridiculisé individuellement et collectivement. Mai 68 n'était en aucune façon la geste glorieuse que d'autres chantaient, c'était le récit tout aussi exagéré d'une catastrophe fondatrice qui semblait n'avoir entraîné – en France comme dans son existence – qu'une succession d'erreurs. Et même s'il était sans doute vital de se rebeller contre sa famille à ce moment-là, et contre bien d'autres choses, il avait toujours préféré raconter la version d'une histoire de dégringolade où la joie et la fierté n'intervenaient pas.

Comme tant d'autres beaux parleurs fatigués, il n'avait jamais osé se révolter contre lui-même et contre son abyssale tristesse. De tout ça, très peu était distinctement dit et je me contentais d'hypothèses : les ambitions politiques avaient-elles empiété sur les possibilités de carrière, ce qu'il appelait son « embrigadement » avait-il vraiment brouillé son rapport au monde ? Il était né grand bourgeois, s'était imaginé Lénine puis s'était réveillé petit fonctionnaire lettré enfermé dans une famille qu'il n'arrivait pas à aimer. Voilà comme je comprenais les choses : on ne se remet pas facilement de n'avoir pas rêvé d'héroïsme jusqu'au bout et d'avoir trop cru à la rhétorique.

Il m'avait lu et fait lire beaucoup, m'avait raconté énormément d'histoires, il m'avait élevé dans un mélange de curiosité au monde extérieur et de haine de l'impureté. S'était sans doute aussi transmise cette inquiétude que j'essayais comme je pouvais de ne pas transformer en aigreur. À Paris, je me sentais loin de lui, en partie protégé. Que faire des saumons alors ? Ce rêve fluvial m'incitait-il à retourner vers ce foyer sombre ? Remonter la cascade familiale des névroses vers mon père ne m'enchantait pas vraiment. Je venais de me réveiller. Je n'étais pas cascadeur, et je nageais assez mal. Aussi bien, je pourrais me noyer.

Jusqu'à présent, assez peu d'oiseaux étaient visibles sur le fleuve et aux alentours. Quelques mouettes parfois, des poules d'eau près des rives. En même temps, je ne savais pas quelles étaient les habitudes des diverses espèces, leurs saisons de prédilection ni leurs zones de nidification. Je faisais face à mes propres limites : mes notions d'ornithologie étaient minces, et mon instinct pouvait aussi me tromper. J'étais un peu comme un lecteur capable de ne décrypter qu'une infime partie des caractères, et encore bien maladroitement, obligé d'inventer des explications, d'intuiter des réponses, sans trop savoir les limites entre le fantasque et le fantastique. J'espérais que les vapeurs de la Seine feraient de moi une Pythie clairvoyante, un prophète crédible pour interpréter les augures et distinguer les présages des cieux.

J'étais pour le moment plongé dans l'observation d'une mouette rieuse installée sur la rambarde du navire ; elle semblait hocher frénétiquement sa petite tête tachée de noir en me regardant dans les yeux : oui oui oui oui. Puis, elle agitait son crâne de droite à gauche et de nouveau tapait son bec sur sa poitrine. J'ai pris ça comme un signe d'encouragement, « oui

oui oui oui, vas-y», puis, lorsqu'il s'est mis à pleuvoir très fort – non des oiseaux, mais de la grêle –, on était après tout en novembre, je suis rentré.

J'en ai profité pour explorer un peu mieux les 110 mètres de long du *Seine Princess.* Le tour était en fait assez rapidement bouclé. Au pont inférieur (appelé pont principal) se trouvaient quarante-trois cabines, numérotées de 100 à 199. Au pont supérieur (appelé pont supérieur), au centre, étaient disposées vingt-quatre autres cabines, de 300 à 399. J'étais satisfait d'avoir la 313, chambre palindrome au beau milieu du navire. À chaque extrémité, s'ouvraient les espaces communs, l'agora qui allait réunir cette communauté éphémère. À l'arrière, le restaurant (d'un sobre mauvais goût un peu décevant) et les cuisines. Vers l'avant, on retrouvait une inutile boutique (elle offrait des serviettes, des montres, des stylos, des cartes postales, des brochures touristiques sur Paris et était déjà fermée), un salon avec piste de danse intitulé «salon lounge» (il y avait une plaque), et enfin, sur toute la proue, le «pianorama-bar» (on ne reculait devant aucun jeu de mots) muni d'un piano demi-queue et d'une vue panoramique.

Tout était d'un chic très années 80 : du cuir beige qui ressemblait à du faux cuir, des lampes-chandeliers dorées, des aquarelles de chambre d'hôtel de province. On aurait dit un décor de série télé : plus belle, la vie en péniche ? J'ai traversé ces espaces où tout semblait semi-vivant. C'était l'heure de la sieste (j'avais raté le déjeuner), deux serveurs passaient le balai dans le restaurant, un groupe de trois femmes faisait face à deux tasses de café. Plus que six heures avant le dîner.

J'avais visité le navire, mais je n'avais rien vu : il restait la salle des machines et la cabine de pilotage. À l'accueil, j'ai retrouvé Suzanne, chef d'un orchestre assoupi. Je me suis présenté à elle, et je lui ai demandé de me faire visiter les coulisses, prétextant la préparation d'une sorte de reportage. Elle m'a autorisé un tour dans le poste de commandement et m'a mené jusqu'au capitaine, qui se balançait sur son fauteuil et semblait s'ennuyer tout à fait. La seconde était aux manettes. Elle a tourné la tête lorsque je suis entré. J'ai été surpris par l'inadéquation entre sa voix et son visage, qui n'était pas vraiment beau mais avait pourtant quelque chose d'attirant. Le nez peut-être, long et un peu cassé, ou ce chignon blond trop haut et volumineux, presque menaçant.

Suzanne m'a présenté :

— Ce jeune homme est journaliste, il prépare un reportage, un reportage sur… sur quoi d'ailleurs ?

— Euh, c'est une bonne question. Je travaille, disons, sur la Seine, la Seine et les oiseaux, enfin ce n'est que le stade préparatoire, enfin je fais des…

— Bienvenue à bord, m'a coupé le capitaine.

— Il m'a demandé de lui faire visiter le bateau, et je souhaitais lui présenter son cœur battant, a ajouté Suzanne, sans que je puisse comprendre si elle se moquait des deux marins ou s'exprimait simplement de manière pompeuse.

— N'hésitez pas, si vous avez des questions ou si vous voulez faire une interview, me dit le commandant. Je maîtrise peu le sujet des oiseaux, mais je connais bien la Seine.

Suzanne est repartie en laissant derrière elle un assez long silence. Le capitaine a ouvert un journal.

J'ai observé les gestes minimalistes de la seconde : des petits déplacements souples de la barre circulaire, qui semblaient pourtant demander une intense concentration. Épaules, nuque, jambes, tout son corps était tendu pour accompagner ces alternatifs coups de barre, une rectification à gauche, un mouvement un peu plus appuyé à droite, un à gauche un à droite. Cette danse lente et irrégulière nous permettait sans doute d'éviter le naufrage sur la rive, comme les coups de bec des pigeons replacent les missiles sur le droit chemin de leurs cibles.

Puis, le silence m'a paru trop gênant, j'ai donc tenté : « Je suis très touché de voir la voix. » Ma blague pseudo-mystique l'a à peine fait sourire. Je devais trouver un moyen de me tirer du fiasco conversationnel dans lequel j'étais engagé, faire en sorte qu'il se passe quelque chose. J'ai donc évoqué Physiopolis, le domaine qu'elle avait mentionné dans le haut-parleur. Sans m'arrêter, sans la laisser ne pas répondre, j'ai enchaîné, décrit le toboggan géant, les ruines. Je m'apprêtais à raconter mes souvenirs d'Huckleberry Finn lorsqu'elle a reçu un appel chuintant sur la radio VHF du navire. « Port de Giverny pour *Seine Princess*, port de Giverny pour *Seine Princess.* » La communication était de mauvaise qualité, le port a répété son appel, à nouveau interrompu. La seconde a lancé à son tour : « *Seine Princess* pour port de Giverny, *Seine Princess* pour port de Giverny, j'écoute. » On a entendu un grand larsen, une série de bips, puis des voix brouillées. Fatigué de ces conversations qui ne fonctionnaient pas, de mon monologue et des ondes radio aux fréquences fragiles, j'ai jugé qu'il était temps de quitter le poste de pilotage : « *Seine Princess*, *Seine Princess*, je file en cabine 313. »

Retrouver ma chambre m'a fait du bien, il n'y avait plus de fréquences à régler, plus d'attitude à adopter, plus besoin de faire le malin. La 313 était décorée dans les mêmes tons que le reste du navire, et ce mauvais goût confiné me rassurait, tout comme les draps bien tirés sur le petit lit, et le hublot qui restreignait le champ de vision et m'empêcherait peut-être de divaguer. Il fallait que je me concentre, que j'organise les choses, que mon enquête s'ordonne.

J'ai sorti de ma valise quelques livres que j'avais pris avec moi, je les ai alignés sur la minuscule table qui faisait face au lit. J'avais l'intuition que ce qu'ils recelaient faisait partie de l'équation, indiquait de véritables pistes. J'en notais des extraits dans mon cahier, j'y ajoutais des idées, des fragments de conte et des formules magiques, des conversations et des histoires vraies.

J'ai ouvert l'un des trois volumes du *Livre des damnés* de Charles Hoy Fort. Assez vite, au fil de mes recherches sur les pluies d'oiseaux, ce nom est revenu comme une forme de carrefour obligé, à la jonction de tous les phénomènes étranges et inexpliqués. L'introduction me prévenait : Charles H. s'était battu contre la rigidité du regard scientifique, en compilant,

« avec la même détermination que Moïse, Darwin ou Lyell », ce qu'il appelait les « données dissidentes » qui venaient contredire la stabilité du monde réel.

En 1919, C. H. publie *The Book of the Damned* dans lequel il commence la recension d'une série immense de phénomènes inexpliqués remettant en cause la science, la religion, le monde, rien que ça. La quatrième de couverture précisait : « Ce travail a nécessité le recoupement à la main de 60 000 notes, grâce à un ingénieux classement dans 39 cartons à chaussures. Ce n'est pas un livre, c'est un gratte-ciel à émerveillement. » Mon petit cahier Clairefontaine de 96 pages faisait pâle figure à côté. Mais il était animé par la même ambition que celui de C. H. Fort, me suis-je dit : une ambition de ciel, voire de gratte-ciel dans lequel je m'engouffrais ou duquel je chutais avec une excitation redoublée.

Je me suis laissé entraîner par le rythme pourtant éprouvant de l'ouvrage. Le texte, longue déambulation ininterrompue, changeait en permanence de sujet, compilait des *faits*, citait des dizaines de revues scientifiques, de livres, de journaux. Le *Monthly Weather Review*, le *Symons's Meteorological Magazine*, le *Quebec Daily Mercury*, le *Tasmanian Journal of Science*, etc.

Les « données damnées » s'enchaînaient dans des chapitres aux titres qui sonnaient comme des vers de poésies enfantines : « Lunes bleues et soleils verts » ; « Sang, chair, larves et gelée stellaire » ; « Comètes-surprises » ; « Voisins obscurs » ; « Torpilles et mondes dirigeables » ; « Téléportation de cailloux, d'eaux, d'essence » ; « Joyeuse procession de monstres »...

Charles Fort donnait le tournis, traversait les époques et les régions, multipliait les interrogations. Provocateur toujours, épuisant et touchant, il se défendait en permanence contre de possibles attaques en loufoquerie par des citations solides. C'était au fond un vrai visionnaire : il avait relevé des pluies noires, pluies jaunes, chutes de petits objets en forme de flèches, de fèves de café, d'aiguilles et de disques, des tempêtes rouges, une averse de couleur lavande à Oudon en France le 19 décembre 1903 (*Bulletin de la société météorologique de France*, 1904), des grêlons bleus, mauves et gris en Russie, un corps semblable à de la viande de bœuf tombé du ciel d'Olympian Springs, des billots d'acajou sur les côtes du Groenland, des insectes aquatiques au sommet du Mont-Blanc.

Je recopiais des pages entières du *Livre des damnés*, j'avais enfin rencontré un interlocuteur, plus paranoïaque que moi mais à coup sûr un chic type. Aimable et peut-être un peu dingo, il proposait une troisième voie, ni réaliste ni idéaliste, disait-il, mais intermédiariste : « Je crois que rien n'est réel ni irréel non plus. Tous les phénomènes s'approchent à divers degrés des murs du Rien et du Tout. De sorte que notre quasi-existence est un état intermédiaire entre le positif et le négatif, le réel et le néant. » J'ai eu peur d'être à mon tour submergé par les faits. Un peu agité, épuisé par ma lecture, dans un état intermédiaire entre le positif et le négatif, le réel et le néant, je me suis endormi.

Je me suis réveillé assez mal en point, j'avais bavé sur ma chemise et sur le dessus-de-lit imprimé de figures géométriques jaunissantes, je ne savais plus bien où j'étais et j'avais rêvé à nouveau. Je pique-niquais dans une grande prairie près de la mer et mon père habillé en serveur du restaurant – galons d'or à l'épaule et casquette risible sur le crâne – se transformait en goéland, avant de se lancer en piqué vers moi, comme un animal affamé. Je courais en tous sens pour l'éviter, le priant en vain de cesser ses attaques. Le goéland continuait ses plongées violentes et tout le monde autour de moi persévérait dans la dégustation de son mauvais sandwich, installé tranquillement à des tables en bois aux proportions trop grandes. Personne n'interrompait sa tomate cerise pour venir m'aider.

J'ai décidé de téléphoner à mon père pour voir s'il y avait du nouveau à Bonsecours. Son portable sonnait toujours dans le vide. J'ai laissé une fois de plus un message, indiquant l'heure et la date de mon appel, forçant ma voix pour paraître aimable. Son absence de réponse commençait à m'intriguer. Pour quel lointain pique-nique était-il parti ?

J'ai regardé par le hublot : la péniche n'avançait plus.

Nous étions amarrés. Une mouette était postée sur la rive – était-ce la même que tout à l'heure ? Étions-nous arrivés à New York ?

J'ai changé de chemise et regagné l'accueil du bateau.

— Nous sommes à Giverny, m'annonça Suzanne. Un car emmène ceux qui le souhaitent visiter la maison de Claude Monet dans quelques instants.

Je me suis souvenu qu'il y a un an, nous nous étions retrouvés devant le jardin avec Anastasie, mais que la porte était close. Fermé pour travaux. Suzanne m'a relancé :

— Voulez-vous y aller, le car va bientôt démarrer ?

J'ai décidé de décliner son offre, et de ne pas retourner à Giverny. Je me suis même promis de ne jamais aller à Giverny, de ne jamais visiter ce musée de ma vie. Les nymphéas pourront flotter tranquillement, je n'irai pas à Giverny. Ce sera une forme d'hommage silencieux à ce voyage passé. Cette non-visite me rappellerait Anastasie, avec qui j'avais passé des années d'une douceur si grande qu'elle semblait parfois nous anesthésier. Je me suis souvenu de la lettre qu'elle m'avait écrite au moment de notre séparation. Elle me disait : « J'ai aimé la façon dont tu me désirais », puis : « Je déteste ce que tu es en train de devenir. La fuite s'est transformée en moteur pour toi. Tu me fais penser à Platonov, le héros de Tchekhov. Moins un héros qu'un brillant raté, un petit instituteur malheureux, qui se rêve littérateur et homme du monde, qui cherche dans la séduction d'impossibles revanches à ses échecs. En fait, ce n'est qu'un coq de village, triste comme un coq et comme un village. Ça va sans doute durer longtemps, tes hésitations, tes prétentions, et ton intelligence qui s'évapore. Bonne chance, Platonov. »

J'ai laissé s'évaporer Giverny et Tchekhov et suis allé flâner dans la boutique du bateau. J'ai regardé les cartes postales : des vues de la Seine et de la côte, des photos de falaises, de nombreux Monet. Dans le tas, une reproduction m'a arrêté. Le tableau représentait deux hommes couchés dans une barque sur un fleuve, appuyés sur deux gros coussins, sous une couverture brodée, l'air très faible, les pieds bandés. Au bout de la barque-lit, une bougie jaunâtre et des fleurs blanches de cimetière. Le personnage de gauche a les yeux dans le vague, sa main décharnée pend au-dessus de l'eau. Son compagnon n'a pas l'air en meilleure forme. Il regarde vers le fleuve, ses deux mains s'enlacent sur son ventre comme si son corps avait été préparé pour la veillée mortuaire. J'ai retourné la carte, mais je connaissais déjà cette histoire. Chaque fois que nous visitions les ruines de l'abbaye de Jumièges, un peu plus loin sur la Seine, après Rouen, mon père me racontait la légende des Énervés. Il fallait, précisait-il, prendre *énervé* au sens littéral : à qui on a coupé les nerfs. Ces deux loques épuisées sur leur radeau sans pianorama-bar, sans commissaire de bord ni petit déjeuner continental, c'étaient Clotaire et Childéric, fils de Clovis numéro deux. Et c'était leur propre mère, Bathilde, reine de France et régente, qui leur avait brûlé les tendons des jarrets alors qu'ils s'apprêtaient à attaquer Clovis père tout juste revenu d'un pèlerinage en Terre sainte. Il était en effet plus sûr de les empêcher de courir et les laisser s'échouer à Jumièges. « Cette légende pourrait te servir de leçon », concluait mon père arrivé au terme de son conte mérovingien, et sa fausse ironie me troublait à chaque fois.

J'ai acheté la carte postale pour la coller dans mon cahier. Je me demandais si je serais capable un jour de monter une armée contre mes géniteurs et je tentais de calculer combien de temps on pouvait tenir en position allongée, abandonné au gré des vagues et du courant. Peut-être avais-je déjà commencé à dériver sur le *Seine Princess*, ma confortable pirogue mortuaire, et qu'il serait temps de me redresser pour voir venir les dangers. De quels énervements, balles perdues, attaques de goéland et courses-poursuites contre le non-sens devais-je me méfier ?

Le soir est tombé. Pendant le repas avait lieu une conférence sur « le tournant impressionniste ». Alors qu'on mâchait un dos de cabillaud mollasson, un homme trop jovial pour être historien d'art diffusait des images de tableaux en les commentant avec un enthousiasme forcé. « C'est une révolution du regard ! » hurlait-il fréquemment dans le micro, espérant sans doute réveiller les yeux conservateurs et fatigués de l'assistance.

Après le dîner, il n'y avait aucun autre lieu où se délasser que le *pianorama-bar.* Jean-Pierre, le moustachu au Projet Pigeon, s'est assis en face de moi, et m'a demandé des nouvelles de mon enquête. « Je suis attentif, vous savez, pour les oiseaux, je suis attentif », a-t-il répété. Comme j'étais bien incapable de lui faire une quelconque annonce à ce sujet et que le silence s'installait, il s'est levé et a regagné sa cabine, précisant que la visite piétinante du musée l'avait exténué. Dans la salle il ne restait qu'une quinzaine de personnes, quelques couples qui semblaient se forcer à parler entre eux, et moi, tout seul sur une sorte de tabouret-pouf beige devant une microtable ronde et un grand gin-tonic. J'avais eu le temps d'en boire la moitié et d'écrabouiller complètement la rondelle de citron, lorsqu'un homme s'est installé derrière le piano. Il avait dû embarquer à Giverny ou dormir toute la journée, car je l'aurais remarqué s'il avait été à bord : une gueule légèrement cassée par les coups qu'avaient pu lui donner aussi bien la vie que l'alcool, quelques mèches châtains dépassant d'un bonnet noir et une barbe en désordre. Pieds nus dans des chaussures bateau, une veste en tweed à carreaux rapiécée sur le dos, il débarquait d'un autre âge (le XIXe siècle ou peut-être bien le VIIe siècle de Clotaire et Childéric). La musique d'ambiance a été coupée, un projecteur a éclairé le piano, et la lumière s'est reflétée sur ce visage nouveau.

Le premier accord fut dissonant, mais il a eu l'avantage de me tirer de mon semi-sommeil. Puis le pianiste a enchaîné avec une improvisation maladroite, lancinante. Elle était construite autour de quelques accords qu'une légère variation venait sauver in extremis de l'épuisement. Quelques minutes plus tard, le musicien s'est présenté sans lever les yeux de son clavier. « Je suis Cheval blanc, bonsoir. » Il s'est ensuite mis à chanter, le regard toujours fixé sur son instrument. Sa voix grave s'envolait en fin de vers jusqu'à des aigus presque faux et presque à chaque fois bouleversants. Sa première chanson était une ballade consacrée à l'abstinence dans laquelle il s'est adressé à mon gin-tonic : « Alcool de mon cœur, j'ai peur que tu t'envoles / Je me lécherai amoureusement / les multiples plaies que j'ai eues en t'aimant. » Il poursuivait sa déclaration : « Alcool, même si tu t'en vas, n'oublie pas que je t'aime / Et quand tu seras loin, pense à moi quand même. » J'étais hypnotisé par la puissance si simple de son chant. Il enchaînait hymnes déçus, poèmes de crises et refrains sur la mort du monde. Autour de moi, on semblait ne l'écouter que d'une oreille lointaine. Lui fermait les yeux et se balançait, et s'il n'avait pas été assis, on aurait pu craindre de le voir s'écrouler au pied de son piano. Il restait souvent à la limite entre le cri et le chant et on avait l'impression de ressentir avec lui, en accéléré, toute sa vie en quelques notes. Dans sa chanson finale, il s'était mis à parler à quelques fantômes : « À nos beaux souvenirs de malades mentaux / Aux longues discussions longeant l'infirmerie / Où nous cicatrisions épaule contre épaule / Dans un petit asile devenu paradis. » Il répéta le dernier couplet à trois reprises, en une forme d'appel de plus en plus puissant. « Aux infirmières de jour / Au meilleur de nos nuits / À nos médicaments / À nos amis déments / À nos chuchotements / Dans les escaliers noirs / Aux infirmières de jour / Au meilleur de nos nuits, etc. » Tout le monde s'était arrêté de siroter son mauvais cocktail. C'était un peu comme si Antonin Artaud avait atterri à une réunion du Rotary Club pour y lire des poèmes. Le projecteur sur son visage s'est éteint et les quelques spectateurs ont applaudi timidement. La lumière s'était à peine rallumée qu'il avait quitté la scène, comme si cette parenthèse chevaleresque n'avait pas existé.

J'ai tourné la tête, il était au comptoir. Je me suis installé à ses côtés et je lui ai offert un verre qui n'allait pas s'envoler. Il m'a serré la main en se présentant sous son nom de scène :

— Bonsoir, je suis Cheval, m'a-t-il dit, comme s'il s'agissait de son prénom.

Très vite, j'ai senti que j'avais envie de me ranger derrière le panache de ce Cheval blanc. Extra-nerveux, poète, anarchiste, il aurait pu être le général alcoolique d'une armée en débâcle, blessée et fière. Je me suis demandé ce qui avait amené cet homme à gueule de pirate à bord de la bien peignée *Seine Princess.* La réponse était familiale, le capitaine était son oncle.

— Quand il m'a embauché pour les croisières Blue Seine, mon oncle m'a lancé: "Il est temps de vieillir, Arthur Rimbaud." Ça aurait pu me rendre fou de rage, à l'époque je n'avais pas un rond, et la poésie est utile dans ces cas-là. Mais l'expression m'a plu, et puis j'aime assez cette errance sur des bateaux de faux luxe, ces gens qui ne t'écoutent pas, ces chansons trop tristes pour eux. C'est ma troisième fois. La première, c'était sur la Loire, un fleuve bizarre. Et puis j'ai fait aussi un parcours "Le Rhin romantique" au mois de mai. Les paysages sont beaux, je mange à l'œil, je peux faire un peu ce que je veux, et le plus souvent on m'arrête quand je bois trop. Parfois, à l'apéro, on me demande des standards de jazz, ça passe mieux. Le soir, quand il n'y a pas de soirées à thème (ils proposent danse de salon ou comédie musicale si ça t'intéresse) je joue quelques trucs à moi, j'improvise au piano. Le plus souvent personne ne me parle, peut-être à cause de mes chansons, peut-être de mon allure…

On reprenait un troisième gin-tonic, lorsqu'il a évoqué son « alcoolisme de crise » se déclenchant par à-coups, ses passions pour de jeunes femmes invivables qui apaisaient sa soif et la relançaient dans un même mouvement. Il m'a raconté l'aventure du groupe de rock à succès de ses vingt ans qui lui avait un peu brûlé les ailes, ses vies à Paris, Saint-Denis puis en Ardèche, où il s'était réfugié dernièrement.

— Qu'est-ce que tu fous là, toi, au fait?

Tant bien que mal, à la fois embrouillé et excité par l'alcool, je lui ai expliqué les chutes d'oiseaux et mon investigation. On a repris un verre, et la seconde du bateau est venue à côté de nous au comptoir.

— Ah, je te présente Clarisse, le capitaine adjoint de ce navire, c'est elle qui nous guide sur l'eau, avec mon oncle. C'est la fée protectrice de notre *Seine Princess*.

Elle semblait détendue, n'avait plus de problème de radio VHF, ni de barre à pousser avec frénésie.

— Tu savais, ma biche (Cheval blanc s'adressait à Clarisse), que ce jeune homme est sur la piste de chutes inexpliquées d'oiseaux morts ? C'est sa spécialité apparemment, il est à fond, et il en est à son troisième gin-tonic. Méfiance, il est peut-être zinzin. Sur ce genre de bateau, on ne sait jamais…

Le serveur nous a proposé une dernière bière et, parce que je voulais effacer la rencontre ratée de la cabine de pilotage, et aussi parce que je la trouvais belle, et aussi parce que j'avais bu, j'ai répliqué en haussant la voix :

— Ce qui est zinzin, c'est pas que ces chutes d'oiseaux m'obsèdent, et il y en a eu trois, hein, de chutes, ce qui est zinzin c'est pas que j'essaie de remonter la piste, de trouver des explications, ce qui est zinzin c'est que je sois le seul. Des nuées d'oiseaux s'écrasent et tout le monde continue sa petite vie ? Deux mille étourneaux tombent du ciel et on rentre chez soi sans penser que quelque chose ne tourne pas rond. Dans le ciel, et sur terre. Vous savez qu'on a vu des oiseaux agoniser sur le sol pendant de longues minutes après leur chute ? Ce qui est fou c'est que personne ne soit vraiment au courant de tout ça, et que ça ait recommencé quelques kilomètres au nord de la première pluie, puis une troisième fois.

— Tu sais, a repris Cheval blanc, j'ai toujours pensé que la mort du monde ne fera pleurer personne. Les oiseaux s'en iront, faute de branche. Tu as raison de poursuivre ta recherche, hein, et dans ma bouche *zinzin* est intégralement positif.

Clarisse a pris la parole :

— Des histoires d'animaux, il y en a plein, et des dingues. Récemment, j'ai lu celle d'un mec qui avait un zoo privé, aux États-Unis, faut croire que c'est possible d'avoir un zoo privé, enfin aux États-Unis... Donc ce type collectionnait les animaux, et il collectionnait aussi les armes à feu je crois. Un beau jour, on ne sait pas trop pourquoi, il en a eu marre d'enfermer ses animaux – il avait toutes sortes d'espèces : des fauves, des oiseaux, des zèbres, des serpents, un vrai zoo quoi. Et donc, le gars, l'Américain, il a pété les plombs. Il a libéré ses bêtes, ouvert toutes les cages et une fois que c'était fait, il a pris une carabine de collection, l'a mise dans sa bouche et s'est tué. Les animaux ont erré pendant vingt-quatre heures, autour de son petit village, dans les champs, sur des parkings de supermarchés. On sortait de sa douche, et on pouvait voir un singe, il fallait faire gaffe aux tigres et aux antilopes sur la route. Évidemment, ils ont vite lancé un safari. Les flics, au lieu d'essayer de rattraper les bêtes, ils les ont abattues une par une. Dans le journal, ils montraient une photo de leur carnage : tout un zoo d'animaux crevés sur le sol. C'était terrible.

Troublé à mon tour par cette tuerie lointaine, je ne savais pas quoi dire. Cheval blanc était toujours vivant, mais commençait à flancher. Parfois ses yeux se fermaient pendant une dizaine de secondes, puis il se réveillait en sursaut. J'ai pensé au déluge, à Noé et à son arche :

— Je ne sais pas pourquoi, ça me rappelle l'histoire de ce cargo porte-conteneurs. Il naviguait au large de l'Alaska, je crois, et transportait des dizaines de milliers de jouets en plastique, essentiellement des canards de bain jaunes. Évidemment, le cargo a fini par couler dans une tempête.

— L'équipage a survécu ?

— Ah, je ne sais pas, bonne question. Ce que je sais c'est que les petits canards, eux, ont été libérés dans la grande baignoire. Pendant des mois, on en a trouvé partout sur les côtes autour de Vancouver. À chaque tempête, des canards en plastique jaune ressurgissaient, tous rescapés du naufrage de leur arche d'alliance perdue.

Cheval blanc s'était cette fois totalement endormi, la tête posée sur son coude posé sur le comptoir posé sur l'eau.

— Tu crois qu'il faut le raccompagner dans sa cabine ? ai-je demandé à Clarisse.

— Il a l'habitude, il va se réveiller bientôt.

Elle m'a proposé de sortir fumer sur le pont. Il faisait un peu frais, c'était calme, il devait être deux heures du matin. On voyait au loin trois cheminées d'usine, cylindres gigantesques éclairés de tout leur long par des projecteurs qui formaient une sorte de guirlande de bal musette et se reflétaient sur le fleuve. Il en sortait une fumée rougeoyante venue d'un autre monde. Cette vapeur épaisse, en apparence inoffensive, s'échappait au ralenti entre de longs mâts d'acier blanc et noir qui clignotaient, pour éloigner les avions sans doute, ou les volatiles peut-être. Clarisse a allumé sa cigarette et a repris :

— Ce cargo distributeur de jouets sur les côtes, il donne de l'espoir, finalement.

— Plus que le zoo de Vincennes privatif décimé dans le sang, c'est sûr.

— Oui, on pourrait dire que c'est un bon naufrage.

— Ah ah, un bon naufrage. C'est peut-être ça qu'il faut chercher : le bon naufrage. Peut-être qu'il s'agit surtout de trouver la forme idéale de notre naufrage.

Face à la centrale, Clarisse fumait, souriait et évitait mon regard. J'avais envie de lui plaire et de parler de méduses, mais l'eau était opaque : pas le moindre plancton, aucune physalie fluorescente à l'horizon. La seule lumière provenait de l'usine électrique.

— Quoi de plus émouvant qu'une centrale nucléaire de nuit ? ai-je tenté alors d'un ton faussement interrogatif.

Et disant cela, j'ai repensé aux jours et aux nuits que nous avions passés avec Anastasie à craindre minute après minute le nuage nucléaire de Fukushima : on attendait la fin du monde en faisant l'amour et en écoutant d'une oreille inquiète les informations dont on se nourrissait avidement. En quelques jours, nous étions devenus experts de la centrale de Fukushima Daiichi : on aurait pu faire un plan à main levée des réacteurs 1, 3 et 4, de leurs piscines de désactivations, on connaissait la chronologie de l'explosion des bâtiments, des fuites, le trajet de la vague, les dégâts liés au séisme. Loin du Japon, à l'abri des évaporations toxiques, dans cette fin d'hiver, on s'était obnubilés dans l'observation distante d'un monde prêt à exploser. Notre amour, un temps, s'était renforcé, comme porté par l'angoisse de cette atomisation extrême-orientale.

Pendant les quelques instants où j'ai quitté le *Seine Princess* pour la côte japonaise, Clarisse n'a rien dit. Elle était appuyée à côté de moi sur le bastingage, vivante. Elle n'avait pas répondu à ma fausse question mais j'avais l'impression qu'elle s'était rapprochée. Je me suis alors repris et, comme pour supprimer complètement le souvenir irradiant de Fukushima et celui d'Anastasie dans le même temps, l'alcool me donnant un courage idiot pour prononcer des phrases de semblable hauteur, j'ai tourné mon visage vers elle :

— Tu es belle, lui ai-je dit, comme une centrale nucléaire de nuit.

Au moment où Clarisse s'est laissé embrasser, une voix ironique m'a interpellé de l'autre côté du pont.

— Ça va, je vous dérange pas !

C'était Cheval et l'intensité de son cri attestait que l'alcool avait fait son œuvre.

— Alors, je vois qu'on en profite !

Au même moment, les choses se sont mises à tanguer un peu dans mes yeux, comme si le gin faisait son effet d'un seul coup. Les lumières de la centrale clignotaient plus fort et j'ai compris très vite que le Cheval avait lâché la bride.

— Eh, merde, a soupiré Clarisse.

Il s'est avancé vers nous en s'accrochant à la rambarde et s'est adressé alternativement à nous et à la Seine.

— Je te salue, vieux fleuve, je te salue, vieux fleuve.

Son regard indiquait que ma proximité avec Clarisse lui déplaisait franchement. Il a précisé sa pensée :

— Alors, grand, tes adorables histoires d'oiseaux ont marché ? Clarisse, t'es quand même pas tombée dans le piège ? Allez, Clarisse, on se tire, laisse ce petit con. Viens.

Arrivé devant moi, il a posé sa main sur mon épaule en serrant mon manteau. Il s'est collé contre mon buste en me répétant à l'oreille des phrases d'une poésie plus brute que ses airs au piano :

— C'est bon, calme-toi, maintenant, calme-toi, putain.

Elles exprimaient moins mon absence de calme que sa grande excitation. Il s'est accroché plus fort, on aurait pu croire un temps à une de ces accolades intenses qui précèdent une séparation durable, ou à une démonstration de judo au ralenti, une danse folklorique alcoolisée et arythmique.

— Arrête, Jérôme, t'es bourré là, c'est chiant.

Le passage du pseudonyme au nom de baptême opéré par Clarisse pour l'apaiser indiquait paradoxalement une prise de moins en moins forte du réel sur la situation. J'ai commencé moi aussi à gueuler.

— Mais ça va, là, cinglé ! Mais lâche-moi, merde.

J'ai fait un grand mouvement circulaire et on s'est retrouvés à terre, poursuivant le combat sur la ferraille humide. Navrant duel d'ivrognes, où les preux chevaliers, devenus tout à fait lamentables, ressemblaient à des nourrissons s'agitant sur un tapis d'éveil. Seule Clarisse était encore lucide : elle s'est interposée entre nous en criant, m'a attrapé par une jambe et traîné vers l'arrière comme un vulgaire sac. J'ai essayé dans un ultime cabrement de viser ce pauvre Cheval, mais j'étais déjà à plusieurs mètres de lui et Clarisse a lâché mon mollet d'un coup brusque. Prenant enfin conscience de la situation, je me suis mis à quatre pattes, pour mieux respirer. J'étais un animal blessé obligé de reconnaître ma défaite humiliante. J'avais mal à la tête et j'ai craché en insultant une dernière fois Cheval-Jérôme. Clarisse l'a aidé à se relever et elle s'est tournée vers moi.

— Je crois qu'il vaut mieux que tu rentres, là. Jérôme n'est pas bien. Et tu n'as pas l'air mieux.

Alors que l'enceinte au-dessus de mon lit diffusait une mélodie de flamenco qui devait faire office de réveille-matin, j'ai ouvert les yeux, encore abasourdi du gin, de la nuit, et de son anti-feu d'artifice final. Clarisse avait dû regagner sa cabine présidentielle de capitaine en second après avoir accompagné Cheval vers son écurie. Avant cette empoignade risible, j'avais obtenu son numéro de téléphone et, depuis ma cabine 313, je lui avais envoyé dans la nuit quelques messages de drague alcoolisée mêlée d'excuses maladroites auxquels elle avait eu la noblesse de ne pas répondre. Elle devait avoir repris la barre, puisqu'à travers le hublot, il me semblait bien que le bateau avait défait ses amarres et avançait à son rythme de vieille dame fatiguée sur le fleuve brunâtre.

Allez savoir pourquoi, alors que mon cerveau était encore soumis aux petits à-coups électriques du *London dry gin*, que ma bouche manquait d'eau et mon corps de sucre, j'ai ouvert le livre II de l'*Histoire naturelle* de Pline. Je l'avais acheté sur les quais avant de partir. C'était un bon coup de fouet matinal, une sorte d'alka-seltzer antique. Il fallait bien ça pour effacer les souvenirs de la veille. À mesure que je le feuilletais, j'ai été obligé de reconnaître qu'un grand nombre de faits troublants résonnaient avec ce que je prenais plaisir à appeler *mon affaire*. L'épaule sur laquelle j'étais tombé me faisait mal, mais je me suis dépêché tout de même de les prendre en note dans mon cahier des oiseaux morts. Pline évoquait plusieurs pluies de matière animale dans le « ciel inférieur », « en l'an de Rome 702 une pluie de briques cuites », « sous le consulat de L. Paulus et de C. Marcellus (an de Rome 704) une pluie de laine autour du château de Carissa, auprès duquel, l'année suivante, T. Annius Milon fut tué », des « pluies de lait et de sang sous le consulat (an de Rome 640) de Manius Acilius et de C. Porcius », quelques « pluies de chair, sous le consulat (an de Rome 293) de P. Volumnius et de Servius Sulpicius, ce qui ne fut pas enlevé par les oiseaux ne se putréfia pas », « des pluies de fer dans la Lucanie », le fer tombant, précisait-il, « avec l'aspect spongieux ». J'ai essayé de m'imaginer du fer d'aspect spongieux, et j'ai d'abord pensé à l'état alcoolisé de mon cerveau, et ensuite à ces éponges-grattoirs double-face qui traînent au fond des éviers, dédiées aux taches particulièrement résistantes. Puis m'est revenue à l'esprit la Sainte-Éponge avec laquelle on donna à boire au Christ en croix, lorsque, selon Jean, il cria dans son dernier souffle : « J'ai soif. » Trois mots simples et bouleversants, qui disent la souffrance de sa torture mais aussi le désir de quelque chose que le Christ n'a pas même le temps de nommer. Il y a trois ans, j'avais vu une relique de cette Sainte-Éponge dans la basilique Sainte-Croix-de-Jérusalem à Rome, exposée à côté de trois morceaux de la Sainte-Croix, d'un petit clou incomplet et de deux épines de la Sainte-Couronne.

Parmi ces restes dérisoires, l'éponge surtout m'avait frappé : rabougrie, noircie, elle avait la forme mousseuse d'un cœur desséché.

Mon esprit s'embrouillait – étaient-ce les effets de l'alcool, de Pline l'Ancien ou des Évangiles –, je me suis vu à Rome et sur le Golgotha, des éponges métalliques y tombaient à leur tour, du sang et du lait latins coulaient des cieux, et aussi du vinaigre, des pulls en laine voletaient au ralenti jusqu'au sol, de la pluie et des églises en brique se désintégraient dans l'atmosphère. J'avais la gorge sèche et les consulats de Paulus, Marcellus, Sulpicius et Pilatus se confondaient. Mon Dieu, mon Dieu pourquoi m'as-tu abandonné ?

Dans le haut-parleur, la voix de Suzanne a interrompu mon voyage sinistre sous les cieux antiques : enfer et damnation, *le déjeuner était servi.*

En arrivant dans le restaurant (pont supérieur), j'ai vu un homme faire de grands signes : il remuait les bras de gauche à droite jusqu'au-dessus de sa tête, comme le faisaient les personnages sur les panneaux d'instructions en cas de noyade accrochés dans tous les couloirs du bateau. Le noyé était en fait Jean-Pierre, et c'était à moi que ces signaux de détresse s'adressaient. Je me suis approché de sa table :

— Je vous cherchais, j'ai quelque chose à vous dire.

Je me suis assis sans avoir le temps de prononcer le moindre salut cordial. Pourtant, j'étais plutôt content de retrouver sa vibrante moustache.

— Ça concerne votre enquête. Ce matin, je n'arrivais pas à dormir, c'est comme ça maintenant presque tous les jours, je me lève à cinq heures, ça épuise ma femme. Bref, j'ai émergé tôt, et je suis allé me promener sur le quai. J'ai poursuivi jusqu'aux environs de la centrale. Vous voyez, de l'autre côté de Giverny, après le coude où nous étions amarrés. Bon, eh bien, j'ai fait un tour là-bas, je voulais prendre l'air, me dégourdir. Et voilà, je suis tombé sur ça.

Il a sorti son téléphone et affiché une photographie qu'il m'a mise sous les yeux.

— C'est étonnant, non ?

— Euh, en effet.

— Ils étaient sur la rive. Tous les cinq, sur le dos. Tout près de l'eau, comme s'ils venaient d'en sortir. Pas alignés, mais presque. Je n'ai touché à rien bien sûr avant de prendre la photo. Je voulais vous montrer.

Il m'a mis son téléphone dans la main et il a bougé ses lèvres sans que je sache s'il souriait ou bredouillait quelques mots. Puis, il m'a fixé en plissant les yeux. Peut-être était-il en train de découvrir quelque chose à l'intérieur de moi, et que cette chose n'était pas très belle à voir ? Ce qui était effrayant était surtout sur son écran. Je l'ai retourné pour observer l'image dans le bon sens. Il y avait des petits points rouges dans leur cou et sur leurs flancs. À part ces plaies sanglantes, rien de remarquable : des becs de canard, des plumages de canard, des ailes de canard, mais – ça ne faisait aucun doute – imprégnés de mort. Des canards morts, donc : cinq canards morts.

— J'ai tout de suite pensé à vous quand j'ai vu ça. Je serais bien venu vous chercher, mais je ne connais pas le numéro de votre cabine et puis le bateau allait partir.

Pour déjeuner, Jean-Pierre m'apportait une photo de cinq canards morts, retrouvés non loin de la centrale. C'était, ce devait être, une nouvelle preuve, ou du moins une piste qu'il faudrait remonter. Pourtant, je ne savais pas quoi dire. Il a repris :

— Avouez que c'est étrange tout de même ces cinq oiseaux tués, alignés sur la rive, non ? J'ai tout de suite pensé à vous.

J'ai été touché qu'il ait pensé à moi en voyant des oiseaux morts, c'était la deuxième fois qu'il me le confiait. Un jour, me suis-je dit, je serai peut-être associé automatiquement à ces volatiles décédés. On se passera le mot. Dès qu'un oiseau tombera, on *pensera* à moi. Mon image apparaîtra après les accidents aviaires, au terme des grandes chasses. Grives, faisans, pigeons ramiers, perdrix rouges, colverts ou bécasses : lorsqu'on verra l'animal à terre, ensanglanté, dans la gueule de son chien, on pensera à moi. Je serai là pour les oiseaux tombés du nid qu'on n'aura pas sauvés. « J'ai tout de suite pensé à vous », me diront-ils, m'écriront-ils. J'occuperai les esprits des vétérinaires euthanasiant les perruches domestiques trop malades pour survivre, on sentira ma présence dans l'abattoir au moment d'étourdir avant de les saigner pintades, oies et poulardes.

À l'âge de onze ans, j'avais ramassé un petit pigeon blessé dans le jardin de ma grand-mère. Il avait une aile cassée, et à la fin des vacances, on ne savait pas s'il s'en sortirait. Ma grand-mère en prenait soin en mon absence. Elle m'envoyait de ses nouvelles par lettre. Je suis retombé longtemps après sur une de ces cartes postales, qui disait seulement : « Bravo pour les 11 ans de mon petit-fils. Tous mes souhaits les meilleurs et tous mes vœux. Je t'embrasse très fort. PS : Le pigeon va très bien. » La phrase : « Le pigeon va très bien » m'avait accompagné longtemps, comme un message codé, et j'imagine sans m'en souvenir précisément la joie enfantine que j'avais pu ressentir en la lisant la première fois le jour de mon anniversaire. Ce post-scriptum retrouvé, trace écrite de la douceur de ma grand-mère, m'émouvait encore. Même si autour de moi les oiseaux tombaient par centaines, même si la logique aviaire débloquait pas mal, je pouvais me rassurer en répétant cette phrase, pure et simple comme une leçon de langue étrangère niveau grand débutant: «Le pigeon va très bien. Le pigeon va très bien.»

Le pigeon va très bien: revenons à nos canards. La photo que m'avait apportée Jean-Pierre était évidemment frappante à de nombreux égards. Mais je ne pouvais pas vraiment retourner en arrière, exiger, pour les besoins de l'enquête, de virer de bord. J'avais manqué ces cinq canards sur la rive. Fallait-il les relier aux étourneaux de Bonsecours? Étaient-ils tombés inertes? Assassinés après leur chute? Ou le fleuve les avait-il déversés après une longue agonie aquatique? Ils avaient peut-être été frappés par une maladie foudroyante: grippe espagnole, ebola, choléra des canards, que sais-je. Ou bien étaient-ils simplement morts tous ensemble de leur belle mort d'oiseaux d'eau?

J'ai zoomé. Rien de plus n'apparaissait: petit à petit s'élargissaient des pixels de canards, refroidis encore plus par ce cliché médico-légal. Après que je lui ai rendu son téléphone, il m'a demandé mon numéro: «Je dois pouvoir vous joindre en cas d'alerte», a-t-il ajouté en souriant.

J'avais embarqué à bord de cette péniche pour voir, pour récolter des preuves, poursuivre des pistes. Je m'en voulais un peu: le gin, Cheval blanc, Clarisse avaient détourné mon attention. Ces cinq canards manqués, morts pour rien, morts dans le silence d'une rive nucléaire, m'attristaient. J'ai pensé à la beauté uranium de Clarisse. J'ai imaginé revenir sur mes pas, puis appeler mon père pour laisser un nouveau message inutile, mais la fatigue était plus forte.

— Vous avez mauvaise mine et des petits yeux, m'a dit Jean-Pierre, mangez donc un morceau.

— Ça fait deux jours que je regarde et que je ne vois rien. Mes yeux sont épuisés, ai-je répondu en me servant des carottes râpées.

Je finissais ma salade de fruits lorsque j'ai reconnu un paysage familier sur tribord. Nous étions en train de longer le village de Bonsecours. Sous le ciel gris, je suis monté sur le pont Soleil pour observer la berge. Notre-Dame-de-Bonsecours nous regardait du haut de la falaise, et devant elle, au sommet de l'immense monument dédié à Jeanne d'Arc, l'archange doré Michel terrassait le dragon de l'apocalypse. Entre la basilique et la péniche, quelques mouettes volaient sans s'inquiéter de l'existence du diable, de la trompette du septième ange et du salut des âmes. Le fleuve jusque-là si calme s'est progressivement peuplé aux abords de Rouen : péniches-pétrole, péniches-sable, péniches-charbon, péniches-ciment, péniches-poubelle se croisaient aux alentours et renvoyaient notre péniche-balade-senior à sa douce superficialité.

J'approchais de l'endroit où nichaient sans doute un certain nombre de réponses. C'était derrière la falaise de Bonsecours que s'était abattue la première pluie d'oiseaux morts. La deuxième avait eu lieu plus loin, après Rouen, à Blainville-Crevon. En allant de Bonsecours à Crevon et de Crevon à Bonsecours, la lumière apparaîtrait peut-être. J'allais pouvoir prendre directement des nouvelles de mon père aussi. Les rives connues m'ont redonné du courage.

La descente de la Seine n'avait pas été trop brusque.

J'avais imaginé un canyon accidenté, des écluses périlleuses, les sortilèges du bayou, une traversée pénible de l'Achéron. Et en fait j'avais été pris, sans presque m'en rendre compte, dans une dérive boueuse au cours de laquelle j'avais eu du mal à discerner quelque chose. J'avais certes noirci un peu mon cahier des oiseaux morts, j'avais ouvert les yeux, mais qu'avais-je vu ? Une mouette qui opine de la tête en me regardant fixement. Cinq colverts crevés à côté d'une centrale. Des pigeons américains de combat. Des milliers de canards en plastique errant dans le Pacifique nord. Je n'étais pas très avancé. Heureusement, j'allais pouvoir poursuivre l'exploration sur terre, sur la scène principale du théâtre des opérations.

La péniche commençait à s'approcher de la capitale normande, et j'aurais pu me prendre pour un héros romantique bientôt revenu de ses illusions. Les cheveux dans le vent, debout sur le pont Soleil, il aurait suffi que je m'adresse à cette terre qui avait vu la mort tomber du ciel : « À nous deux, Bonsecours. À nous deux, Rouen. À nous deux, Babylone. »

Nous sommes arrivés à Rouen en tout début d'après-midi, alors que je trempais dans un quatrième café des souvenirs en sucre en morceaux – qu'ils avaient bon goût les canards de mon enfance. Suzanne a, comme il se devait, pris la parole pour présenter le programme des réjouissances terriennes. Cette fois-ci, le rythme s'annonçait plus intense : le conférencier excité de l'autre soir allait commander la manœuvre, qui inclurait la visite du musée des Beaux-Arts, une balade dans le centre historique, la découverte d'une maison à colombages traditionnelle et un tour complet de la cathédrale.

Nous étions amarrés rive droite, pas loin du quai où adolescent j'avais fumé mes premières cigarettes en tentant maladroitement de séduire des filles. Cette bouffée de tabac ancien m'a saisi à nouveau, physiquement. J'ai senti une tension qui parcourait tout mon côté droit et des douleurs intercostales qui me lançaient sous les poumons. Clarisse est descendue de la cabine de pilotage vers la passerelle. Le cérémonial s'est mis en place : à chaque escale, l'ensemble de l'équipage formait une haie d'honneur à la sortie du bateau tandis que les passagers en descendaient. Tout ça était convenablement grotesque. Le barman, deux serveuses,

Suzanne, Clarisse et le capitaine, dans cet ordre protocolaire, mains dans le dos, casquettes vissées sur le crâne, rendaient les honneurs à une colonie de petits vieux qui s'apprêtaient à suivre un guide touristique portant un fanion bleu et rouge en signe de ralliement. La troupe s'est mise en marche à petits pas derrière son panache coloré, blason de gueule et d'azur à la barre de sable brochante où était inscrit « Seine Princess ». J'ai tourné la tête vers Clarisse en sortant, je voulais dire quelque chose de malin, mais comme dans la cabine la dernière fois, il me manqua la phrase idoine, tout à-propos s'était envolé sur le pont et avait été remplacé par un air de lapin pris au piège.

J'ai suivi le groupe pendant quelques mètres puis m'en suis détourné : sur ce chemin normand, je n'avais pas besoin d'éclaireur.

J'ai pris la rue Racine qui mène à la cathédrale. À vrai dire, je voulais moins revoir le lieu saint que Madeleine. Ces derniers jours, j'avais pensé à elle plusieurs fois, sans comprendre vraiment pourquoi. Madeleine était la folle de Notre-Dame, une de ses figures remarquables, toujours là à éructer dans les allées, à prendre à partie les diacres et les chaisières, les curés et les enfants de chœur. Lorsque j'étais à Rouen, j'aimais comme je craignais la croiser. Les églises – c'est l'un de leurs grands mérites – accueillent encore les marginaux, les demi-cinglés et les gentils jetés qu'on ne rencontre plus trop ailleurs. Je me suis souvenu de Julien, que je voyais tous les dimanches de l'été dans l'église de Lugo, à Venaco, quand j'étais en Corse ; ce garçon trisomique d'à peu près mon âge passait à chaque fois toute la messe debout dans l'allée centrale. Il chantait extrêmement fort, faisait de grands gestes brusques des bras et se précipitait en courant pour être le premier à communier quand le curé s'avançait le calice à la main. Il m'effrayait un peu mais je l'aimais bien. Il venait bouleverser la liturgie mollassonne de la cérémonie et m'offrait par son manège une récréation salutaire pendant ces longues minutes d'ennui. Peut-être faudrait-il confier aux fous le soin de soutenir la dévotion dans notre beau royaume de France ? Dans ce rôle, officiait donc à Rouen Madeleine, Madame Madeleine Dufay. Lorsqu'on la croisait, elle se présentait toujours : « Je suis aide-soignante catégorie supérieure », et précisait pour prévenir tout soupçon : « en maternité, pas en hôpital psychiatrique ». Je me demandais à chaque fois s'il était possible qu'elle ait accouché ma mère lors de ma naissance à l'hôpital Charles-Nicolle.

À peine arrivé, je l'ai entendue vitupérer contre les prêtres qui la persécutaient depuis des années : le père Gourd, le père Arquète, le père Winter, et d'autres noms encore qui se bousculaient dans sa bouche. Chignon grisâtre tiré en arrière, poireau sur le menton et petites lunettes rondes au bout d'un nez pointu, elle arpentait la nef comme une sorcière de conte, *babayaga* rabougrie des forêts de bouleaux russes, cachant aigreur et potions magiques dans son grand cabas. Elle était à la recherche d'oreilles disponibles pour son délire saccadé et les miennes l'étaient tout à fait. Sa voix me fascinait : c'était celle d'un autre temps, où les fous parlaient un français châtié et maltraitaient tout, sauf les liaisons. Madeleine pourrait-elle me guider dans ma quête ? Dans un univers où la réalité perdait la raison, il n'était pas illogique de se tourner vers ceux qui ne l'avaient plus depuis longtemps. Je l'ai retrouvée dans la chapelle Sainte-Agathe, sur le bas-côté. Il y était exposé des tableaux dans un genre « art contemporain catholique » difficile à qualifier. Madeleine, sur ses courtes jambes, naviguait de l'un à l'autre, les pointant de la main gauche qui était seule gantée. J'ai écouté sa glossolalie paranoïaque résonner sous les hautes voûtes en pierre. Elle a changé de coin et est allée se poster dans la chapelle d'après, où je l'ai suivie. Elle ne laissait le temps de répondre à aucune des questions qui étayaient son discours obsidional. Comme on patiente pour une audience avec la sibylle, j'ai attendu le bon moment pour lui poser la mienne.

— Je voulais vous demander, Madeleine…

Elle enchaînait à nouveau, parlait des prêtres, répétait les mots « micmacs » et « martyr » dans un dialogue complexe mené avec des interlocuteurs vraisemblablement absents. Pendant ce discours, en alternance, elle me regardait intensément puis détournait brusquement les yeux et c'était comme si je disparaissais de la chapelle. Mon coefficient d'existence semblait hautement variable, je n'étais sans doute que l'une de ces voix imaginaires, clignotant de présence-absence dans son esprit. Saisissant la chance d'un intermède de silence, j'ai réussi enfin à formuler mon interrogation :

— Avez-vous entendu parler de chutes d'oiseaux morts, Madeleine ?

Comme un sésame déréglé, j'ai répété la question cinq fois, dès qu'elle reprenait son souffle. Notre non-conversation avait la forme d'un cercle incohérent : « Avez-vous entendu parler… », elle a tourné la tête vers moi, « de chutes d'oiseaux morts ? » S'interrompant, comme si elle m'avait enfin entendu, elle m'a fixé des yeux et s'est mise à glapir dans les aigus :

— Il y a eu des agissements ! Il y a eu des agissements ! Monseigneur est au courant, vous dis-je.

Dans l'esprit de Madeleine, tout n'était qu'intrigues de presbytère, drames de chœur et machinations paroissiales. Quelle idée avais-je eue de l'entretenir du monde extérieur ? Son univers se réduisait à la cathédrale, qui était heureusement immense : une flèche monumentale, un transept d'une cinquantaine de mètres, un archevêque, sept prêtres, et assez de cabales pour combler toute une vie. Depuis vingt ans, elle y patrouillait, s'incrustait aux réunions paroissiales, provoquait des esclandres pendant l'aumônerie et les répétitions de chant. Tout cela la maintenait sans doute en vie. Je l'écoutais poursuivre ses diatribes quand, au milieu de sa harangue :

— Le problème, c'est qu'ils défèquent partout, les oiseaux. Ça esquinte la pierre : ah ça, ils ne font pas sur les belles chasubles du père Bourg… Ils ont même fait venir un… voyez-vous… un spécialiste. Du Muséum. Un spécialiste. Pour les faire fuir, les oiseaux. Mais oui, mais oui, ils répétaient : impurs. Encore un coup du père Winter. Mais je n'ai pas peur, moi, je ne me laisserai pas supplicier !

Elle s'est arrêtée un instant, comme pour me donner le temps de décrypter son flot verbal. Je tenais quelque chose, me suis-je dit. Ça ne pouvait pas être hasardeux. La sibylle Madeleine avait parlé. J'ai essayé aussitôt de la relancer, de lui demander ce qu'étaient ce « ils », cette fuite, ce supplice et la spécialité de ce spécialiste. Et ce père Winter, quel hiver portait-il dans son cœur ?

Au lieu de me répondre, Madeleine s'est dirigée vers l'autel et a repris ses philippiques aberrantes en concentrant cette fois ses attaques sur la chorale. J'ai abandonné. Il ne me restait qu'à essayer d'interpréter ses maigres paroles et décoder sa syntaxe heurtée. En associant les différents éléments, on pouvait en conclure qu'elle évoquait bien une tentative de faire fuir des oiseaux coupables de déjections trop nombreuses sur l'église. Le père Winter, le père Bourg et un membre sans nom du Muséum avaient vraisemblablement quelque chose à voir avec tout ça, impliqués comme spécialistes des excréments, des étourneaux, des cathédrales, ou de Dieu, je ne le savais pas. Cette volonté de se débarrasser des colonies d'oiseaux m'a rappelé les pratiques des « effaroucheurs ». J'avais découvert ce mot dans un reportage vaguement spectaculaire où l'on suivait ces hommes chargés dans les aéroports de traquer par tous les moyens les animaux susceptibles de se fourrer dans le moteur des avions. Ils portaient des casquettes, possédaient toutes sortes de pièges et prétendaient que des oies sauvages et des cigognes étaient capables de faire chuter des avions de chasse, et même des Boeing, en s'immisçant dans leurs réacteurs. Il fallait se méfier car, d'un coup de fronde dans le fuselage, ces David aviaires pouvaient briser les ailes de Goliath en carbone. Le père Winter avait-il été formé aux méthodes des effaroucheurs ? La cathédrale était-elle parsemée de pièges ? J'aurais pu décider de n'interpréter tout cela qu'avec les outils de la psychiatrie. Mais, pour la première fois depuis quelques jours, il m'a semblé que quelque chose s'éclaircissait dans le ciel assombri d'oiseaux de mon enquête. J'avais entendu le long discours en grande partie incohérent d'une vieille folle. Et pourtant, une voix (le dérapage schizophrénique m'avait-il contaminé ?) me disait que je progressais, que je tenais quelque chose. Une piste se dessinait au crayon à papier. Dans mon jeu de l'oie sauvage, j'avais peut-être enfin avancé, et avant d'aller au Muséum, je ne suis pas passé par la case prison, mais j'ai fait un détour par chez mon père, à Bonsecours, où tout avait commencé.

Le bus m'a déposé dans la rue principale, route de Paris, en face du Super U. Je n'étais pas revenu à Bonsecours depuis cinq ans. Comme dans une banlieue de ville de province, je pouvais dire aisément que tout et rien n'avait changé depuis mon enfance, que tout et rien ne changerait jamais. J'ai rejoint la rue des Hauts-Peupliers. Je n'y avais jamais vu de peuplier, pas même de petite taille. La maison de mon père, au 47, était fermée : tous les volets rabattus, sauf ceux du deuxième étage, où était son bureau ; pas de lumière, le jardin dans le même état d'hésitation sauvage que lorsque je l'avais vu pour la dernière fois. J'ai tout de même sonné, plusieurs fois, en alternant les rythmes, des longs coups, et des saccades. Je voulais m'assurer qu'il ne répondait à aucun signal : ni sonnette, ni sonnerie de téléphone, ni alarme, ni cri de guerre. Puis j'ai fait le tour de la maison par le jardin, et suis revenu devant le portail.

— Il est parti, vous savez.

La voisine avait ouvert sa fenêtre.

— Qu'est-ce que vous lui voulez ?

J'ai tourné la tête vers elle.

— Ah, mais c'est toi mon petit, je ne t'avais pas reconnu. T'as bien changé dis donc. Ça doit être cette barbe, et ces lunettes, oh, ça fait longtemps qu'on ne t'a pas vu.

Je me suis efforcé de sourire, mais je n'avais pas le courage pour l'émotion feinte des retrouvailles. Je l'ai interrogée sur l'absence de mon père. Madame Rohn m'a dit qu'il était venu la voir dix jours plus tôt. Il partait en bateau selon elle, et avait pris la voiture pour aller à Honfleur. Il lui avait laissé les clés, au cas où. Elle m'a proposé de me les passer. Mais je ne savais pas vraiment ce que je pourrais en faire, je préférais ma cabine à bord du *Seine Princess* à ce vieux rafiot pavillonnaire.

En levant les yeux vers la maison, je me suis senti abattu. Le tourniquet de l'insatisfaction me reprenait. Voir le monde à travers des grilles fermées, c'était sans doute ce que mon père m'avait le mieux transmis. Il m'avait montré le modèle d'une vie perpétuellement insatisfaite et évidemment insatisfaite de son insatisfaction.

Ce départ silencieux m'a étonné. D'habitude, lorsqu'il allait en mer sur le petit bateau en plastique dont il était propriétaire depuis sa retraite, mon père prévenait : un coup de fil, un message, quelque chose. J'ai retourné les choses : son portable sonnait toujours. Il était parti il y a dix jours, soit le 27 octobre (le 27/10 ai-je écrit dans ma tête). Le 27 octobre était la veille exactement de la première pluie d'oiseaux, celle de Bonsecours (le 28, à 15 h 47 d'après l'article de *Paris-Normandie*). Mon père était à bord du *Phénix V*, quelque part sans doute dans la Manche. Difficile de trouver une logique masquée reliant tous ces événements.

J'ai interrogé la voisine sur la pluie d'oiseaux. Elle en

avait entendu parler évidemment, mais n'en savait pas vraiment plus et paraissait n'y accorder aucune importance. Ça avait eu lieu vers le bois communal, plus haut, dans le champ autour de la résidence Claude-Monet, m'a-t-elle dit. À trois cents mètres de la maison environ. Il était temps d'accéder à la zone impressionniste.

Je devais bien m'y attendre, à ne rien trouver. Il faut imaginer un champ en friche que longe un chapelet de pavillons aux toits uniformes de tuiles orange. C'était là qu'ils avaient chuté. Qu'aurais-je pu espérer ? Un paysage de film noir, des arbres noueux aux formes de spectres, une odeur âcre de fin du monde ? Les lieux étaient aussi anodins que la petite ville de Bodega Bay des *Oiseaux* d'Hitchcock. Il me restait simplement à trouver la Tippi Hedren de Bonsecours et me calfeutrer avec elle sous son toit orange pour résister aux prochaines attaques de corbeaux.

Donc : un champ, des pavillons, et… rien. J'ai sorti mon cahier des oiseaux morts et j'ai dessiné, un champ, des pavillons et rien. Puis j'ai sonné à plusieurs portes, pour obtenir un témoignage. Je me sentais l'élan d'un journaliste local, envoyé spécial de *L'Éveil normand*, rubricard du *Démocrate rouennais*, reporter de guerre du *Courrier cauchois.* Sans peur, j'allais au contact de la *population locale*, avec comme simple gilet pare-balles mon carnet Clairefontaine de 96 pages. Mais Albert Londres n'avait pas prévu ça : le mardi en plein après-midi, à la résidence Claude-Monet, il n'y avait pas un chat, pas même un peintre du dimanche.

Une vieille dame m'a scruté pendant plusieurs minutes derrière ses rideaux, sans m'ouvrir. Une femme de ménage, à l'interphone, n'était au courant de rien. C'est un homme sorti pour tondre sa pelouse qui fut le sauveur de mon reportage en haute mer. Il avait eu six oiseaux dans son jardin, découverts en fin d'après-midi en rentrant du travail.

— C'est étrange, m'a-t-il dit, mais en arrivant je n'ai pas été effrayé. J'ai regardé ces oiseaux éparpillés chez moi et chez les voisins et j'ai trouvé ça presque beau. Un peu comme une peinture, vous savez, une sorte de tableau de chasse mais en grand désordre. Oui, c'était vraiment beau. Le plus dérangeant, c'était l'odeur. On n'imagine pas combien de si petites bêtes peuvent sentir. La puanteur prenait directement à la gorge. J'ai regardé cette scène en me bouchant le nez, puis j'ai vu les gens s'agiter un peu partout, prendre des photos, raconter des histoires. Apparemment, un gamin s'est pris un oiseau sur le crâne, il faisait de la balançoire, vous voyez dans le jardin là-bas. Les gens ont vraiment eu peur, je crois. Ceux qui étaient chez eux en particulier parce que ça a fait un sacré bruit, pendant cinq minutes, et ça a cassé des tuiles de plusieurs maisons. C'est vrai que c'est pas courant. On se dit : le ciel nous tombe sur la tête, on ne peut pas faire grand-chose. Puis le maire est venu. Il a serré des mains, il a pris un air affecté. Des flics aussi. Je ne sais pas ce qu'ils foutaient là. Et des vétérinaires ont débarqué avec leurs blouses blanches. Ils n'ont pas serré de mains, mais semblaient inquiets. On aurait dit un accident nucléaire, c'était drôle comme ils étaient harnachés. Depuis, j'ai essayé de regarder la presse et tout, ils ne disent rien. Comme s'il s'était rien passé. Hop. Cent étourneaux tombent en cinq minutes des airs, et c'est rien, c'est normal. Imaginons que cent personnes clamsent d'un coup dans la rue, on trouverait ça normal ? D'autres oiseaux sont tombés à Blainville, et à Bardouville aussi il paraît. Ça se répète. Et puis, certains attendent des compensations. Mais les assurances, elles veulent rien entendre. On met quoi sur leurs papiers : accident domestique, catastrophe naturelle, chute d'objet, attaque d'animaux ? Ces oiseaux se sont aussi écrasés dans un vide juridique on dirait, et ça me surprendrait pas qu'ils en profitent les assureurs. Moi, ça va, y a pas eu de dégâts. Juste un morceau de la cabane de jardin abîmé, presque rien.

J'ai partagé avec lui cet étonnement qu'on n'en sache pas plus. Il m'a demandé pour quel journal je travaillais. Bonne question. Je me suis présenté comme pigiste, *freelance.* Et puis j'habitais dans le coin. Enfin, mon père avait une maison à Bonsecours. Je n'ai pas osé montrer à cet honnête concitoyen mon cahier gilet pare-balles, de peur qu'il prenne mes élucubrations à la rigolade. Je ne lui ai pas confié que j'étais très peu sûr de trouver un journal où faire paraître mon enquête, ni même surtout de faire des découvertes dignes d'être publiées un jour. Si la presse n'en voulait pas, si toutes les oreilles se fermaient, j'en ferais juste un cahier, classé comme il faut dans ma bibliothèque de cahiers.

Pour le moment, j'avais du mal à reconstituer ce jeu de sept familles ornitho-apocalyptique. Le paquet était en désordre et il manquait le joker à placer tout en haut de mon château de cartes en Espagne. Le riverain a repris :

— Tout ce que je sais, c'est que les types, les vétérinaires, les scientifiques, tout ça, font des analyses, grâce à leurs prélèvements. Ils travaillent avec un gars, un mec du Muséum d'histoire naturelle de Rouen apparemment.

Après Madeleine, c'était la deuxième fois d'affilée que je piochais la carte Muséum. Tout indiquait qu'il était temps de m'y rendre.

Je n'avais jamais mis les pieds au Muséum. Pendant quinze ans, il avait été fermé au public, bouclé pour travaux. Je passais devant parfois en allant à la gare : comme histoire naturelle, on n'avait droit qu'à une bâche qui s'abîmait année après année, déchirée par le vent et les pluies. Mon frère avait vécu à côté, rue Beauvoisine, dans un appartement dont je ne me souviens que de larges poutres en bois qui donnaient le cafard. Plus vieux que moi de dix ans, il avait quitté la maison quand j'avais exactement dix ans. Il avait d'abord pris une chambre à Rouen, puis avait déménagé à Paris, avant de s'installer près de Nice, le plus loin possible de la Normandie. Depuis, il donnait des nouvelles par intermittence, passait, repartait, restait très peu à Bonsecours, qu'il semblait fuir au plus vite.

J'ai avancé dans la rue, et je me suis revu à Paris, longeant l'autre Muséum pour me rendre chaque semaine chez ma psy qui vivait non loin, à côté du Jardin des plantes, où l'on peut voir les loups gris si tristes derrière les grilles du quai Saint-Bernard. Pour aller chez elle, je prenais la rue du grand naturaliste Buffon. Le soir tombant, étincelaient dans le noir les squelettes de la grande galerie sur la droite ; un peu plus loin sur la gauche, des vitres salies cachaient la bibliothèque d'entomologie, et sans doute d'autres laboratoires fascinants de poussières et d'insectes. Depuis environ un an et demi, la conversation s'était quelque peu fossilisée, et je consacrais la majeure partie de mes séances aux verbes piétiner et trépigner. D'autres fois, je jouais plutôt sur les mots dispersion et dépression, séances fuyantes, bégaisavoir et jeux-de-mots-valises oubliées. Il suffit de quelques consonnes, une petite assonance de rien du tout. Il fallait me guérir de la dispersion pour disperser la dépression pensait-elle (sans me le dire), ou l'inverse peut-être, remélanger les lettres plongées dans le sac de Scrabble existentiel.

Ce que je préfère lorsque je joue au Scrabble, c'est le cliquetis de plastique des lettres quand on remue le sac à la recherche d'une issue de secours. Je revois précisément la main belle et brunie de ma grand-mère plongée dans la pochette verte lors des soirées d'été où l'on acceptait ma présence pyjamesque autour de la table des grands. Je sens à nouveau la fraîcheur des nuits dans la maison de Venaco et l'angoisse légère de ces grosses pierres aux formes irrégulières lorsqu'il faut remonter tout seul dans la chambre du haut. Le Scrabble frustre comme la vie : je pourrais faire un mot sublime là tout de suite, mais il manque toujours une lettre, un endroit où le placer. On voudrait les thésauriser, les garder au chaud pour abattre ses cartes d'un seul coup, plier le jeu, ranger ses gaules et aller se coucher avec le mot de la fin. Mais on est obligé de jouer à chaque tour. Jusqu'à ce qu'un autre mot sur le plateau offre une perspective inédite, salvatrice. Il y a des gens compte double, des après-midi compte triple, des journées Y (dix points), de très nombreuses matinées E, A ou S (un point), il y a surtout des jours où de toutes les lettres placées devant nous on ne réussit à tirer aucun mot. Un L, un T, un I (un point chacun) : je fais *LIT*, 3 points mot compte simpliste, sommeil maladif, dormite chronique, matelas gonflable crevé flottant au bord de la piscine.

J'ai poussé la grille du Muséum. Je suis entré dans le hall et m'apprêtais à demander conseil lorsque je suis tombé sur un buste en pierre qui trônait dans l'angle. Derrière la sculpture, entre deux colonnes grandiloquentes, l'inscription gravée sur une grande plaque de marbre m'a frappé. On y lisait : « À Félix-Archimède Pouchet / Correspondant de l'Institut (Académie des Sciences) / Directeur-fondateur du Muséum / 1828-1872 ». Je l'ai fixée pour être sûr de ne pas me tromper. Aux quatre coins de la plaque étaient dessinés un fossile en escargot, un scarabée, une fleur sauvage et un oiseau échassier. Et mes yeux me le confirmaient, ce Félix-Archimède avait bien le même nom que moi. Ou plutôt, je partageais mon nom avec lui. Enfin, ça revenait au même : nous étions Pouchet. J'avais toujours porté ce nom banal comme une étoffe de qualité moyenne, un vêtement passe-partout, gris et sans éclat. Deux syllabes peu élégantes, l'une désignant un animal nuisible, l'autre ouverte à quelques rimes sans intérêt. Les Pouchet étaient sans doute d'anciens porchers qui avaient voulu s'élever légèrement, en remplaçant une consonne par une voyelle. Je m'accommodais assez de cette généalogie de cour de ferme et voilà que je découvrais par hasard que mon nom n'était pas de si peu : la famille comptait un membre de l'Institut. Un fondateur-directeur de muséum. J'étais pourtant persuadé de n'avoir jamais entendu parler de ce Félix-Archimède – ce n'était pas le genre de prénom et de titre de gloire qu'on oubliait facilement. Peut-être était-ce une autre famille, ou une branche différente, ou que sa mémoire illustre s'était effacée depuis 1872 ?

J'ai tourné le dos à mon nom et à cet hypothétique aïeul en pierre. J'étais là pour trouver l'ornithologue du Muséum, qui ne cessait d'apparaître sur le chemin de mon enquête depuis quelques jours. J'ai demandé au caissier s'il le connaissait ou en avait entendu parler. Il m'a fait répéter plusieurs fois la question, a finalement accepté d'appeler « sa responsable » et j'ai pu récupérer le numéro de téléphone d'un certain Emmanuel Étienne, beau double prénom ma foi, chercheur au Muséum, mais absent pour le moment, nous sommes vraiment désolés. J'ai tout de même pris ma plus belle voix d'urgence terminale pour l'appeler et je lui ai laissé un message le priant d'un rendez-vous le plus tôt possible.

Comme j'avais évidemment tout mon temps, j'en ai profité pour visiter les collections du petit musée, qui occupaient deux étages du bâtiment. À part quelques cartels renouvelés avec des dessins pour les enfants, les lieux ne semblaient pas avoir changé depuis le XIXe siècle. Plusieurs galeries en longueur se succédaient, où l'on pouvait admirer, derrière d'anciennes vitrines en bois, d'assez beaux spécimens empaillés, parfois placés dans des reconstitutions en toc de leur milieu sauvage. J'ai laissé lions et panthères de côté, et me suis orienté vers les animaux inexotiques, à mes yeux bien plus touchants que les trophées de la jungle et les prises de la savane aux muscles et crocs saillants.

Il y avait ainsi une très belle vitrine de chiens : en haut un dalmatien jaugeait un épagneul qui portait un oiseau dans la gueule ; dans la vitrine du bas, deux bergers rouquins côte à côte ignoraient noblement un chihuahua couché à leurs pieds. Je suis resté quelques minutes devant ces chiens qui n'avaient absolument rien de remarquable, que leur statut de chien, et j'ai pensé à leurs lointains maîtres. Que leur avait-il valu d'apparaître dans ce musée, l'air un peu absent, levant leurs pattes empaillées, en arrêt comme s'ils sentaient une proie aux environs ?

Quelques mètres plus loin, une grande vitrine était consacrée aux oiseaux des marais, grèves et étangs. Une vingtaine de canards de races multiples se tenaient debout, tous bien campés sur leurs pattes palmées, leurs têtes orientées dans divers sens comme les différents croquis d'un dessin animé figé dans le temps. J'ai eu l'impression que chacun, à sa façon, avec ses yeux morts, me dévisageait, comme dans ces tableaux où quelle que soit notre position face au personnage, celui-ci nous suit du regard. Un petit groupe de canards au buste droit et aux becs colorés ne me lâchait plus des yeux. Ils me demandent des comptes, ai-je pensé, ils savent que j'ai abandonné certains des leurs près de la centrale nucléaire. Ils me reconnaissent, font semblant de ne pas me voir, de s'en foutre, becs recourbés, mais ils rient intérieurement. Un peu plus loin, un pélican frisé ne paraissait pas gêné par l'immensité de son bec. Je l'imaginais se crever le ventre pour sauver ses petits. Dans la galerie des monstres, un agneau à deux têtes et deux jeunes porcs à une tête, deux corps et huit pattes (Dieu jouait parfois aux multiplications et divisions) flottaient dans un réconfortant formol. J'ai continué ma marche, je voulais tout voir, observer chaque papillon, compter les fioles bleues disposées en rang au-dessus des vitrines : que contenaient ces flacons qu'avait sans doute manipulés Félix-Archimède ? Des philtres d'immortalité, des onguents de revie ? Je déambulais un peu dans sa maison, palais pour zoologues et biologistes qui traversaient eux aussi les siècles, par le truchement statique des animaux qu'ils avaient patiemment naturalisés.

À l'étage supérieur, une œuvre d'art contemporaine installée au beau milieu de la première salle a attiré mon regard. Il s'agissait de la carcasse rouillée d'une automobile minuscule et défoncée, cadavre de Fiat 500 peut-être, disposée sur un tapis de feuilles mortes. Il en surgissait en toutes directions d'immenses branches tordues, où étaient accrochés quelques nids vides. La sculpture s'appelait « La Voiture aux oiseaux » et était signée d'un certain Vincent Dubourg. J'ai tourné autour d'elle et pensé aux squelettes de voitures gondolés et sans âge, bouffés par la végétation, qui me fascinaient tant lorsque je les croisais enfant sur les chemins du Vecchio, au fond des ravins corses où nous descendions nous baigner presque tous les jours l'été. J'étais persuadé qu'ils étaient les vestiges d'accidents réels, bien compréhensibles sur ces routes en lacet si dangereuses où mon père conduisait comme un fou. (Ce n'est que bien plus tard que j'apprendrais l'habitude locale de jeter dans le ravin sa vieille Citroën, mais aussi son lave-linge, sa baignoire hors d'usage, son grille-pain, tout ce qui encombrait et qu'on n'avait pas la force d'emporter à la décharge.) Je me figurais à l'époque qu'une famille avait véritablement péri dans la chute de ces véhicules. Personne sans doute n'avait eu le courage d'aller les chercher au pied d'une telle pente et au bout d'un chemin si escarpé. Remonté de la baignade, installé dans la Renault Nevada rouge, je n'espérais qu'une chose : que s'arrêtent au moins pour quelques minutes les épuisantes et continues engueulades entre mon père et ma mère. Mon père conduisait trop vite, ma mère occupait ce qu'on appelait encore la place du mort et j'étais à l'arrière sur le siège du milieu, pour mieux fixer la route au loin et retarder le mal de cœur. Leurs disputes pouvaient durer des heures, pour des motifs toujours nouveaux et réinventés et c'est en voiture qu'elles m'étaient le plus pénibles, non seulement parce que je devais les supporter dans un espace confiné mais aussi parce que, pris au piège, je tentais maladroitement, depuis la banquette arrière, de jouer le rôle ingrat de casque bleu familial. J'échouais le plus souvent à désamorcer ces batailles rangées. Pour me distraire de ces échecs, et sans doute pour évacuer l'énervement des trajets, j'échafaudais des scénarios dramatiques. L'un d'eux revenait souvent et s'apparentait au rêve doux et malsain que font les enfants qui se projettent orphelins pour faire couler leurs larmes et se rassurer de ne pas l'être vraiment. J'imaginais qu'après un énième cri et suite à un coup de volant brusque de mon père, nous sortions de la route zigzagante et chutions de la falaise. La scène était étonnamment belle et cinégénique : la voiture s'envolait puis rebondissait au ralenti le long de la pente, jusqu'à éclater tout en bas, près du torrent, dans un nuage de poussière. Un long silence suivait le fracas de tôles. Bien sûr, comme dans les films, j'étais le seul survivant de l'accident. Ensanglanté mais pas trop, je réussissais à m'extirper de la ferraille encore fumante. La fable ne s'arrêtait pas là, car je me voyais des années plus tard – mon esprit enfantin ne reculait devant aucune ellipse temporelle pourvu que le pathétique s'intensifie – repasser au fond de ce ravin, à côté de la Nevada dont la carrosserie rouge brillait encore dans le maquis. Enfin orphelin, je pouvais me recueillir devant ce monument funéraire familial à ciel ouvert, offrir quelques larmes à cette vanité de métal rouillé, étouffée par les ronces et les fougères : notre voiture aux oiseaux.

Depuis une demi-heure environ, il faisait nuit, les salles vides étaient uniquement éclairées par des lampes de bureau anciennes et quelques néons ajoutés plus récemment. On passait d'une tendre lumière boisée à l'éclat blanc d'un laboratoire. Je me reflétais dans les vitrines, si bien que, selon certains angles, je pouvais croire que j'étais du côté des animaux, dans leurs enclos de verre, à côté de cet âne du Poitou exilé en Normandie, sur ce faux tapis d'herbes en compagnie d'adorables marcassins. Mon écho pouvait caresser cet ours brun à l'allure rachitique, chevaucher le flamant rose. Il y avait un gardien par étage, et au deuxième on aurait pu croire qu'il était lui aussi empaillé dans son gilet d'un autre siècle. Il a regardé sa montre et m'a annoncé en criant depuis l'autre bout de la longue salle que le musée fermait. Il était l'heure de laisser personnel et animaux reposer en paix. J'ai réclamé un peu de temps, il me restait la dernière aile du bâtiment à découvrir. Il a haussé la voix :

— Non, monsieur, on ferme, s'il vous plaît, veuillez regagner la sortie.

À ce moment-là, j'ai pris à droite et filé dans la pièce du fond, feignant de n'avoir pas bien compris son deuxième appel. Je l'ai entendu traîner ses pieds le long de la galerie tandis que j'entrais dans la salle des insectes. Sur des grandes tables hautes étaient exposés grillons, scarabées et tous types de libellules. J'ai commencé à inscrire sur mon carnet le nom de quelques espèces présentes (libellule gracieuse, libellule fauve, libellule déprimée, libellule à quatre taches) mais le gardien m'a rejoint et s'est posté en face de moi. Je n'avais plus vraiment la possibilité de prendre des notes ni de m'attarder sur les singulières concordances du monde des libellulidés avec le nôtre.

— Hé ho ! Monsieur ! ça commence à bien faire. Veuillez me suivre. Ça suffit, maintenant !

J'ai regretté qu'on ne puisse pas filmer cette scène. Je me voyais jouer à cache-cache quelque temps avec cette sentinelle, me planquer derrière un zébu ou ramper le long des léopards. J'ai songé un instant à invoquer mon supposé ancêtre comme passe-droit (« Ma famille a créé ce musée en 1828, peut-être pourrais-je au moins achever ma visite paisiblement ? ») puis j'ai finalement abdiqué (je n'avais pas ma carte d'identité sur moi) et l'ai suivi jusqu'à la porte où il m'a escorté avec la placidité désinvestie d'un gardien de musée.

J'étais expulsé sur le pavé, devant le Muséum. En face, les murs de l'ancienne école de médecine tombaient en ruine. À droite, le musée des Antiquités était lui aussi fermé. Je me suis senti libellule déprimée volant dans les hauteurs de Rouen à la mauvaise saison. Je venais d'apprendre qu'un homme de sciences fort respecté, portant mon nom, avait fondé le Muséum d'histoire naturelle. J'avais rencontré quelques espèces de canard inconnues. Mais cela ne suffisait pas à me mettre d'humeur légère. J'aurais voulu parler à quelqu'un de vivant : les froids animaux empaillés et toute cette journée de Bonsecours à Rouen, depuis la disparition de mon père jusqu'à l'apparition de mon hypothétique arrière-arrière-arrière-arrière-grand-père, m'avaient fatigué.

Je n'avais pas envie de retourner sur le bateau pour un menu entrée-plat-dessert et quart de vin rouge. J'ai passé en revue les êtres vivants avec qui je pourrais boire un verre consolateur. J'ai effacé très vite tous les camarades de classe, pas d'humeur pour des anecdotes d'anciens combattants. Il restait Jean-Pierre, Cheval, et Clarisse. Pour des raisons évidentes, j'ai choisi d'appeler Clarisse : elle était moins nerveuse que les deux autres et était aussi beaucoup plus belle. Et j'avais précisément besoin ce soir-là de beauté et de parole mesurée.

Elle a accepté de me retrouver un peu plus tard dans un bar près de la cathédrale. En attendant, j'ai marché dans les rues, en essayant autant que possible de ne pas penser. Je me suis concentré sur les objets insignifiants que je croisais : formes des panneaux de circulation, couleur des volets, nature des cheveux des gens. Ne m'attachant qu'à des morceaux décousus de réel, j'avançais vers le bar en écriture automatique.

J'ai regardé Clarisse s'approcher dans la rue à travers la vitre. Je la voyais sur la terre ferme pour la première fois. Elle avait ici, au milieu des passants, quelque chose de plus vulnérable, de presque hésitant. Sa beauté s'adaptait au terrain : sur mer elle diffusait une force terrienne, et sur terre elle semblait prise dans une fluidité fragile. C'est une sorte de femme amphibie ai-je pensé, un chiasme, un poisson-chat.

Elle a commandé un verre de vin blanc moelleux. Selon moi, dans la vie, on devait à tout prix éviter les vins sucrés et les liqueurs. Elle a trouvé ce précepte ridicule : que faire du Martini ? Du Porto ? Et des vieux alcools fruités qui traînent au fond des placards des maisons de campagne ? J'ai pris une vodka tonic puis j'ai tenté d'esquiver le sujet de l'empoignade risible avec Cheval. Elle m'a fait le récit de sa journée de repos à bord, des problèmes mécaniques que subissait l'un des moteurs, de l'ambiance terrible de la soirée quiz musical qu'elle venait de fuir. Je l'ai questionnée sur sa carrière de seconde, sur les fleuves qu'elle parcourait. Elle m'a raconté son enfance dans les Pyrénées, ses études de marine marchande au Havre, la compagnie Blue Seine, la frustration des écluses et des voyages organisés. Elle espérait changer d'embarcation bientôt, rejoindre de vrais cargos pour de vraies traversées. Plus tard dans la soirée, elle m'a interrogé sur le cours de mon investigation. J'ai résumé tant bien que mal : Madeleine la cathédrale le champ d'oiseaux morts sans oiseaux morts les animaux empaillés les canards du matin la centrale. Elle me relançait, semblait intéressée. Nous avons recommandé à boire et c'était parfait d'être ici, avec elle, mes obsessions, et un peu de vodka fraîche coupée avec du tonic. J'ai raconté la rencontre avec le buste de pierre de mon aïeul renommé, parlé du Muséum, de libellules et des coïncidences. Clarisse m'a arrêté. Elle « trouvait tout ça très bien », mais elle ne comprenait pas bien « pourquoi au fond je faisais tout ça ». Ce n'était pas clair. « Allez, dis-moi les raisons *véritables* de ton enquête », a-t-elle ajouté. J'étais troublé, je ne voyais pas ce que la vérité et la raison venaient soudain faire ici. Ses questions faisaient chanceler la construction de récits et anecdotes que je multipliais dans l'espoir d'en assurer la cohérence. En dégager la logique et la genèse devenait une épreuve. Pourquoi est-ce que je faisais tout ça ? Il ne me venait que des synonymes des mots *angoisse* et *désœuvrement.* J'ai essayé de parler de ma thèse à l'abandon puis de mon père puis je me suis mis à bégayer pour de bon en tentant de raconter le projet d'une aventure qui tu vois pourrait enfin… Elle m'a coupé :

— C'est drôle, dès que tu dois t'expliquer, tu bafouilles : on dirait que tu as ta vie sur le bout de la langue.

Clarisse était un poisson-chat nyctalope qui distinguait très bien les rochers dans les mers nocturnes.

C'était une évidence dont j'attendais qu'elle soit si explicitement formulée : j'avais la vie sur le bout de la langue. Et peut-être était-ce pourquoi je m'étais retrouvé sur une péniche à guetter des oiseaux morts sur les rives, à mener une enquête pour laquelle personne ne m'avait missionné et dont pas mal d'êtres humains se foutaient. Donc oui, certes, bien sûr que oui, j'avais la vie sur le bout de la langue. Sur le bout de la langue les engagements, les choix, les aventures de l'esprit, la vie sociale et les conquêtes. J'avais l'impression de passer ma vie à ne pas articuler complètement ce qui m'arrivait et à sacrifier tout un tas de syllabes, de mots et de phrases-projets. Je lui ai alors avoué ma passion pour les bègues et pour leur vulnérable grâce.

— Je ne sais pas bien pourquoi, mais tous les bègues me bouleversent. Bégayer est une façon d'être entre la vie et la mort, constamment, lui ai-je dit. Je m'en sens solidaire. Bègues de toutes les langues, unissez-vous. Tu sais, je pense souvent à toutes les phrases dont ils doivent faire le deuil, au nombre de remarques remises à plus tard, aux bons mots mort-nés. Imagine tous les rebonds bloqués à l'intérieur. Les bègues sont comme condamnés à l'esprit d'escalier, à vie.

Cela m'a redonné de l'élan :

— Un bègue, tu vois, c'est un cimetière immense de phrases. Certaines, parfois, après un effort insurmontable, se relèvent malgré tout, comme des morts-vivants : bras en avant, effarées elles-mêmes de marcher à l'air libre. Des phrases-zombies.

Je parlais trop, je le sentais, mais je n'arrivais pas à faire autrement. Je voulais évoquer le bégaiement de Moïse lorsqu'elle m'a interrompu à nouveau. Cette fois, elle ne m'a pas posé de question, elle m'a simplement embrassé. Je ne sais pas si c'était pour que je me taise mais je me suis laissé faire, car sa langue était plus douce que mes bredouillements.

Quelques instants plus tard, nous étions devant le bar. Quelques secondes après nous étions sur la passerelle du bateau. Quelques minutes de plus et nous étions dans sa cabine. Tout ça s'est déroulé dans mon esprit en l'espace de trois phrases pendant lesquelles nous avons continué à nous embrasser, habillés puis déshabillés, puis l'un dans l'autre. La douce ivresse s'est décapsulée et j'ai vu tout clairement : ses jambes nues, ses seins légers, ses gestes précis, éclatants dans la cabine exiguë. Pour la première fois depuis plusieurs jours, les oiseaux étaient hors de mon esprit, le corps de Clarisse avait pris toute la place. L'étrangeté des journées précédentes, la quête nerveuse d'indices et d'explication logique, se sont effacées brusquement. Le réel ne demandait plus d'interprétation, il n'y avait pas d'arrière-monde, de ciel ni de bafouillage. Il ne restait que nos corps nus cherchant leur plaisir dans la pénombre. Plus que des frissons, mouvements et caresses, langues et peaux protégées enfin des grandes significations.

Tout semblait moins angoissant, jusqu'à ce que les choses se retournent et que ma jouissance provoque un éclatement inattendu de sanglots violents, spasmodiques. C'étaient des sanglots de libération et d'inquiétude. Tout d'un coup, dans la cabine étroite de cette péniche baladant des personnes fatiguées sur le fleuve, dans les bras de cette fille rencontrée quelques dizaines d'heures auparavant, la jouissance est venue délier une simple et heureuse coalition des corps. Et c'était peut-être un peu trop vertigineux pour moi. J'ai rassuré Clarisse :

— Ce n'est rien, j'ai seulement l'impression de tomber dans un immense vide, et que ce vide est à l'intérieur de moi. On dirait que tout est très profond. Mais ça va, ça va.

Mes pleurs se transformaient en rire, ou plutôt ils se mêlaient jusqu'à ne plus pouvoir s'en distinguer. Ce n'étaient plus que des tremblements du corps, les effets musculaires d'une aspiration qu'on ne comprend pas.

Une amie m'avait raconté un soir que les martinets, passereaux discrets, ne se posent jamais, qu'ils volent en permanence. L'accouplement, avait-elle ajouté, a lieu en vol, et aboutit à la mort, petite et grande, du mâle, qui tombe à terre, sans métaphore. Clarisse, elle, ce soir-là, n'a rien dit. Aucune comparaison, aucune image, aucune blague et ce silence était précieux. Malgré le possible ridicule de cette crise métaphysique mal formulée, elle m'a pris dans ses bras et m'a caressé les cheveux comme on le fait à un enfant impossible à apaiser. Je ne me souviens plus de quoi nous avons parlé après cela, je me rappelle simplement m'être endormi en pensant que j'avais rarement été aussi heureux et terrifié à la fois.

Je me suis réveillé assez tôt ; Clarisse dormait à côté de moi. J'ai pensé aux oiseaux, à Félix-Archimède et à la suite. Je me suis levé et j'ai regardé Clarisse. Avant de quitter la cabine doucement, j'ai griffonné sur un papier à en-tête *Seine Princess* : « Merci Clarisse, et pardon pour les larmes d'hier soir. Ce matin, je n'arrivais plus à dormir et tu étais belle. Je vais rester un peu à Rouen. Bon voyage. »

Je suis repassé dans la cabine 313, j'ai fait un paquet avec mes affaires et je suis allé boire un café en ville. Après cette parenthèse, je reprenais connaissance comme on sort doucement d'une anesthésie. J'ai marché, mal réveillé, sur le quai, heurtant un poteau, puis bousculant un balayeur. J'évoluais à la manière d'un crabe malhabile piégé hors de l'eau. Et je me suis souvenu de Gérard de Nerval, qui promenait parfois (voilà un véritable poète) un homard vivant au bout d'un ruban bleu dans le jardin du Palais-Royal. Lorsqu'on l'interrogeait sur cette extravagance, Nerval répondait avec aplomb : « En quoi un homard est-il plus ridicule qu'un chien, qu'un chat, qu'une gazelle, qu'un lion ou toute autre bête dont on se fait suivre ? J'ai le goût des homards, qui sont tranquilles, sérieux, savent les secrets de la mer, n'aboient pas… » J'avais entendu un jour que les homards étaient immortels, ou du moins qu'ils ne connaissaient pas le vieillissement. Toutes leurs cellules ne cessent de croître, et ils deviennent de plus en plus gros. C'est un crustacé potentiellement éternel. Pourtant, un jour, il est trop corpulent pour se cacher dans sa grotte. Il meurt donc le plus souvent attaqué par d'autres poissons.

On m'apportait mon café lorsque Emmanuel Étienne m'a envoyé un message. Il était prêt à me recevoir un peu plus tard au Muséum. J'allais enfin pouvoir m'entretenir avec mon deuxième témoin. J'ai passé le reste de la matinée à relire mon cahier des oiseaux morts, ajouter des précisions, traficoter des trucs. À onze heures, j'étais en face d'Emmanuel Étienne dans son bureau encombré de panneaux descriptifs des différentes races aviaires, de piles de livres et d'un squelette de rapace près de la fenêtre poussiéreuse. Emmanuel Étienne ne ressemblait pas à grand-chose : cheveux blonds très courts, fines lunettes rectangulaires, pantalon informe et chemisette entre deux eaux. Je l'ai senti sur la réserve. Il m'a annoncé tout de suite qu'il avait très peu de temps à m'accorder. Puis m'a demandé qui j'étais, pourquoi je m'intéressais à tout ça, qui m'envoyait. « D'où parles-tu, camarade ornithologue ? » Je suis resté évasif, et j'ai choisi de me présenter comme reporter indépendant. Je n'étais en effet lié à aucun groupe de presse, affilié d'aucun État ni parti. En réalité, j'étais dépendant de tout, du hasard des rencontres, de mes obsessions, de ma paresse et de mes espoirs. J'ai essayé de savoir ce que donnait son enquête à lui. Emmanuel esquivait habilement, Étienne retardait les réponses, Emmanuel Étienne me baladait d'un ton neutre de laborantin sans passion. Je me suis fait plus précis :

— Avez-vous entendu parler de problèmes d'oiseaux autour de la cathédrale ? J'ai cru comprendre qu'il s'était passé quelque chose là-bas.

Relativement aux paroles de Madeleine, ce « J'ai cru comprendre » était franchement osé, mais bon.

— Ah, oui, ils m'ont appelé il y a quelques mois. Ils avaient des ennuis avec des étourneaux qui dormaient sur les toits de la cathédrale. Ça posait un certain nombre de soucis. Les pierres notamment étaient abîmées par leurs déjections. On a hésité à mettre en place un programme pour les déloger. Finalement, on a préféré ne rien faire. Je leur ai conseillé de ne rien faire.

— Et ils n'ont rien fait ?

— Ah ça, je pense bien que non. Mais demandez-leur directement si vous voulez en être sûr. Je vous donnerai les coordonnées de l'intendant, le père Winter.

— Tout de même ces chutes d'oiseaux par centaines, ce n'est pas habituel…

— Vous savez, moi, je suis spécialiste des oiseaux d'Océanie. J'ai fait ma thèse et je poursuis mes recherches sur la reproduction et la nidification du calao papou, qui comme son nom l'indique vit essentiellement en Papouasie et en Indonésie. Les oiseaux normands, c'est pas ma spécialité, mais je dirais qu'il y a plein de raisons possibles : des chocs à l'intérieur d'une colonie, des crises de folie collective, des paniques, des empoisonnements.

— Et vous avez une piste privilégiée parmi tout ça ?

— Honnêtement, difficile à dire. On n'a pas encore tous les résultats du labo. Il est imaginable que les pesticides y soient pour quelque chose. On n'apprendra peut-être jamais ce qui s'est passé. Vous savez, récemment, on a retrouvé 37 millions d'abeilles mortes au Canada. Personne ne fait le lien. Les insectes tombent, les oiseaux commencent à tomber. Le ciel n'est plus à tout le monde.

— Il est possible qu'on ne connaisse jamais la réponse ?

— Oui, il y a beaucoup de phénomènes comme ça. Il faut accepter de ne pas savoir. En tant que scientifique, je vous assure que c'est la moindre des choses.

Je n'ai pas osé lui dire que moi, en tant qu'enquêteur autoproclamé des chutes, ancien habitant de Bonsecours, lecteur de Pline l'Ancien et de Charles H. Fort, accepter de ne pas savoir ne me convenait pas. Le ciel n'est pas à tout le monde ? C'est ça ton explication Emmanuel ? Je sentais qu'Étienne était en train de menacer directement la survie de ma recherche. J'ai changé de sujet.

— C'est drôle parce qu'en arrivant ici, j'ai découvert que je portais le même nom que le fondateur du Muséum, Félix-Archimède.

— Vous vous appelez Félix ?

— Non, je m'appelle Pouchet !

— Ah.

Il semblait bien que la coïncidence ne lui faisait absolument ni chaud ni froid : c'était un tiède émotionnel. Il s'est levé pour me signifier que le rendez-vous prenait fin. En le suivant vers la porte, je l'ai interrogé sur la figure de Félix-Archimède et il a pris un air apitoyé pour me répondre :

— On l'oublie un peu, le pauvre Pouchet. Heureusement qu'il y a son buste dans l'entrée, je crois qu'il est même en train de disparaître des dictionnaires des noms propres. Il n'y apparaissait que pour une chose : c'est celui qui s'est opposé au grand Pasteur, et qui a perdu. Une belle controverse d'ailleurs, à propos de la génération spontanée. J'aimerais bien vous en dire plus, mais je dois partir, je fais une intervention dans un congrès à Metz, mon train est dans une demi-heure. Si vous voulez en savoir plus sur votre ancêtre, allez à la bibliothèque municipale, ils ont pas mal de choses sur lui.

Je me suis installé dans la salle de lecture de la bibliothèque municipale avec l'impression d'être un agent double infiltré au siège du KGB pour faire un rapport de renseignements sur un membre de ma propre famille. Le décor soviétique – verre poli au plafond, moquette gris staline, grands fichiers en pin de Sibérie aux petites poignées de métal chromé – me rassurait, je me sentais projeté dans une image sépia pour explorer un passé en noir et blanc. J'ai commandé tous les ouvrages qui semblaient évoquer l'ancêtre : notices nécrologiques, livres, bulletins et revues.

Sans ordre, à mesure que le bibliothécaire déposait les volumes qui me séparaient d'une voisine rousse plongée dans un manuel de dermatologie illustré, je découvrais, de plus en plus fasciné, quel personnage avait été Félix-Archimède. La ville de Rouen avait organisé un colloque en 1973, dont les actes étaient réunis sous le titre de *Félix-Archimède Pouchet. Fondateur de la cytologie moderne. Fondateur du Muséum de Rouen* ; de nombreux scientifiques citaient ses travaux ; le sociologue Bruno Latour avait dédié un chapitre à son cas ; une historienne de la biologie, Marylise Cantor, lui avait même consacré sa thèse : *Pouchet, savant et vulgarisateur* (et je trouvais ce titre simple et beau). Une thèse. Dedans, il y avait des schémas-bilans, des tableaux à double entrée et des statistiques, c'était froid et séduisant comme du marbre. Pendant quelques instants, j'ai repensé à ma propre thèse que j'étais sur le point d'abandonner par lassitude sur le bord de la route universitaire. Je l'imaginais parfois errer seule à ma recherche, survivant de sandwichs triangles et de mauvais cafés sur des aires d'autoroutes désaffectées. J'ai effacé bien vite cette image pénible et commandé de grandes boîtes cartonnées avec tous les bulletins du Muséum d'histoire naturelle de Rouen depuis 1860. Je bénissais ces êtres humains d'avoir offert une partie de leur existence à mon ancêtre et de me raconter mon histoire. À partir de ce magma, j'ai essayé de réorganiser les choses, de trouver le principe de vie qui fécondait ces bibliographies illisibles et ces livres à la douce odeur de moisi.

Fils de Louis-Ézéchias et petit-fils d'Abraham Pouchet, Félix était né dans une famille protestante, cinquième et dernier enfant d'une fratrie qui comptait Louis-Brutus, Solon, Henri-Adolphe et Auguste-Théodore. Son père avait eu quant à lui seize frères et sœurs. Nous étions au début de l'histoire, et j'avais l'impression que l'Ancien Testament se réécrivait sous mes yeux dans une Palestine normande, où les élus et prophètes étaient notables, industriels et parfois francs-maçons. Félix-Archimède a vu le jour en 1800 (le VIII fructidor an 8 exactement). Il avait à peine atteint l'âge de raison lorsque son père est mort. Ce dernier était manufacturier, humaniste, ami des sciences, passionné par les montgolfières aussi, un esprit élevé, semblait-il. Il avait tenté d'importer d'Angleterre de nouvelles machines à filer jusqu'à ce que l'opération commerciale échoue.

À sa mort, il ne restait donc pas de fortune, mais une grande bibliothèque que son fils Félix-Archimède avait reçue en héritage. À partir de ce moment, le petit Archimède de sept ans s'était mis à dévorer des livres de physique comme d'autres s'épuisent les yeux sur des romans de cape et d'épée ; et puis très vite, il était tombé sur un monumental rayonnage de la bibliothèque paternelle, comment rater les trente-sept volumes qui allaient bouleverser sa vie : l'*Histoire naturelle* que Georges-Louis Leclerc, comte de Buffon, avait commencé à écrire en 1739, au moment où, nommé intendant du Jardin du roi, il avait un peu de temps libre pour penser en liberté. Soit quinze volumes illustrés de gravures de l'*Histoire naturelle, générale et particulière*, neuf volumes de l'*Histoire naturelle des oiseaux*, sept de supplément, cinq de l'*Histoire naturelle des minéraux* et un *Traité de l'aimant*, en guise de feu d'artifice final. Buffon le disait dès le début : « Cette multitude prodigieuse de Quadrupèdes, d'Oiseaux, de Poissons, d'Insectes, de Plantes, de Minéraux, & c. offre à la curiosité de l'esprit humain un vaste spectacle, dont l'ensemble est si grand, qu'il paroît & qu'il est en effet inépuisable dans les détails. » Tout ça pouvait occuper plusieurs vies de plusieurs hommes : Félix-Archimède ne s'ennuyait plus jamais dans sa maison de Rouen (rue Saint-Nicolas, numéro 31), il avait de la lecture pour toutes ses journées d'hiver et d'été (au printemps et à l'automne, il ramassait des fleurs, construisait son herbier, collectionnait des insectes peut-être). Buffon avait été sa première grande passion, plante carnivore livresque et scientifique dont il ne s'était pas remis. Des années plus tard, il baptiserait son fils Georges comme ce premier amour – et celui-ci, les chiens ne font pas des chats, deviendrait naturaliste et anatomiste, et même l'un des plus illustres spécialistes mondiaux du cachalot, qu'espérer de mieux pour son fils ?

À partir de cette première lecture, il était difficile de résister à la force d'attraction onomastique : Félix-Archimède serait scientifique. Huit ans plus tard, il perdit sa mère, ce qui le rendit complètement orphelin à quinze ans. Sans revenus, il fut placé chez un clerc de notaire. Puisqu'il passait plus de temps dans les livres de zoologie et d'histoire naturelle qu'à copier les actes de donation et d'hypothèque, on l'avait viré de l'étude et un de ses oncles avait pris en charge les siennes. Il n'existait pas hélas à l'époque de cursus en biologie, Félix avait donc suivi les cours de médecine du maître en chirurgie Achille Cléophas Flaubert, père de Gustave, qui fut lui-même à son tour élève de Félix-Archimède et ami de Georges (ce serait par son intermédiaire que l'écrivain aurait eu entre les mains le perroquet qui aurait servi de modèle au Loulou d'*Un cœur simple.* Félix aurait ainsi offert à Félicité et à la littérature l'un de ses oiseaux les plus émouvants).

À 27 ans, Félix-Archimède avait quitté Rouen pour Paris et le Muséum d'histoire naturelle où on lui proposait une place de préparateur. Il avait vraisemblablement fait son entrée à Paris quelques semaines après Zarafa, la première girafe de France offerte par le pacha d'Égypte Méhémet Ali à Charles X. Le grand naturaliste

Étienne Geoffroy Saint-Hilaire avait fait remonter à pied depuis Le Caire la bête, accompagnée de trois vaches qui la nourrissaient, dans une procession remarquée – les articles notaient qu'Étienne prenait tant soin d'elle qu'il était allé jusqu'à lui coudre un imperméable pour la protéger des intempéries.

Félix aurait pu être chirurgien, mais préférait l'observation de la nature aux pathologies des hommes. Il avait donc rédigé une thèse de botanique sur l'*Histoire naturelle et médicale de la famille des solanées* (elle compte si j'ai bien compris 97 genres et 2 700 espèces, il fallait qu'on s'y attelât).

J'ai admiré, en lisant le récit de cette vie, la force d'évidence du trajet biographique – je me doutais qu'elle était faussée par la reconstruction postérieure, mais qu'importe. Voilà un jeune homme qui traçait sa route, qui savait ce qu'il voulait. J'avais du mal à ne pas me comparer avec lui : je ne savais pas ce que je voulais, mais je le voulais énergiquement.

Félix, lui, avait soutenu sa thèse et était revenu à Rouen, où il avait délaissé les plantes pour les animaux. On l'avait nommé professeur de zoologie antédiluvienne puis le maire de Rouen lui avait proposé de reprendre la direction du jardin botanique qu'il avait transformé en un véritable muséum d'histoire naturelle. Dans sa ville natale, Félix s'était activé comme jamais, c'était un professeur reconnu, un scientifique engagé pour son musée et sa région. Dans les années qui avaient suivi, il avait écrit quelques missives bien senties à l'attention des pouvoirs publics : un *Traité sur les mœurs des hannetons et de leurs larves et les moyens de borner leurs ravages*, une *Histoire naturelle agricole du mouton* sous-titrée *Du perfectionnement de la laine.* Avant ça, il avait publié une *Lettre sur les bancs d'anguilles de la Seine et sur l'industrie de Commachio* : il y proposait au préfet d'exploiter ces profusions d'anguilles qui, venant d'éclore, remontaient chaque année de nuit et en bandes serrées (il les avait vues de ses yeux) le cours de la Seine, parfois au-delà de Rouen, jusqu'à disparaître mystérieusement, évaporées (elles renaîtraient dans le triangle des Bermudes), alors qu'il était possible de les attraper, les élever, les pêcher, et « fournir à nos marchés une ample moisson de chair substantielle ». Il avait aussi réfléchi aux hommes qui tombaient dans le fleuve et il avait donc publié des *Considérations sur la revivification des noyés.* Il nageait dans toutes les eaux de la science, participant à la création des Sociétés locales de Biologie, de Médecine, d'Anthropologie. Félix était tout près d'être Archimède. Très bientôt il pourrait inscrire au frontispice de ses livres « Chevalier de l'ordre impérial de la Légion d'honneur, officier de l'ordre impérial du Lion et du Soleil, membre de l'Académie des Sciences et des Lettres de Rouen, et des académies de Strasbourg, Toulouse, Caen, Cherbourg, Lisieux, Venise, Philadelphie, Turin, Bruges ; de la Société linnéenne et de la Société des Antiquaires de Normandie ; correspondant du ministère de l'Instruction publique pour les travaux scientifiques, etc. etc. »

Serais-je un jour autorisé à serrer les mains d'académiciens si honorables ? Correspondant du ministère des Chutes d'Oiseaux Morts, je recevrais des médailles du Tigre et de Jupiter et serais membre à vie de toutes les sociétés locales d'ornithologie des préfectures et sous-préfectures de France. J'ai consulté le catalogue et commandé tous les autres livres disponibles de Félix : ses *Recherches et expériences sur les animaux pseudo-ressuscitant*, publiées en 1859 (treize ans avant sa mort), les *Recherches sur l'anatomie et la physiologie des mollusques*, 25 pages qui donnent une idée synthétique de la question espérais-je, ses *Expériences sur la congélation des animaux*... Je lisais les titres des livres qu'il avait écrits comme on se délecte d'un long poème hermétique (le monde n'est-il pas fait pour aboutir à une belle bibliographie ?) : son *Voyage en Italie* précédait une plaquette sur la *Transformation des nids de l'hirondelle des fenêtres* ; les *Considérations sur l'organisation des zoospermes de Salamandres aquatiques* côtoyaient des *Mémoires sur l'organisation des vitellus des Oiseaux*, un ouvrage sur *L'Anatomie de la Nérite saignante* et des *Recherches sur la résistance vitale de l'invisible.*

Félix-Archimède expérimentait, écrivait, et voyageait : de nombreuses publications évoquaient ses virées en Allemagne, en Italie, en Égypte, d'où il ramenait des plantes et des animaux pour le Muséum, des cailloux aussi, et des livres. Sa femme, Anne Christie, née en Angleterre, le suivait, charmant les scientifiques et naturalistes qu'ils croisaient sur la route. Sa grâce avait dû agir de belle façon puisque le grand ornithologue anglais John Gould lui avait rendu hommage en donnant son nom à un oiseau-mouche découvert en Australie. Un minuscule colibri porte ainsi le nom d'*Heliothrix poucheti*, et apparaît sans doute dans les nomenclatures et encyclopédies des volatiles d'Océanie. Le résultat était plus beau que ce que je ne pouvais espérer : je porte un nom de colibri. Mieux encore, des colibris sont affublés de mon nom. Qui sont-ils ? À quoi ressemblent-ils ? Comment vivent exactement ces *Heliothrix poucheti* ? Je lisais tout et je ne pouvais m'empêcher d'imaginer qu'une logique souterraine présidait à ce qui m'arrivait : où que j'aille, des oiseaux me tombaient dessus.

Puisqu'il fallait bien s'immiscer dans cette junglesque bibliographie en saisissant une première liane, j'ai choisi un livre de vulgarisation, attiré par son titre pascalien. *L'Univers, les infiniment grands et les infiniment petits* avait été publié pour la première fois en 1868, puis réédité à trois reprises, traduit en anglais et en italien, un vrai best-seller, illustré avec finesse. Et puis, cela n'aurait pas pu être autrement, Félix y consacrait plusieurs pages aux pluies d'animaux. Pluie de harengs, de grenouilles à Ham en 1834, et enfin, page 166, parlant de la migration des hirondelles, il écrivait : « À plusieurs reprises, j'en ai vu qui, épuisées par la fatigue et la faim, s'abattaient presque expirantes sur le pont d'une frégate sur laquelle je traversais la Méditerranée. »

Il n'en disait pas plus. Peu importe : lui aussi avait vu des oiseaux tomber, lui aussi s'en était inquiété. Je ne faisais que poursuivre ses recherches. Héritier sans le savoir des mêmes obsessions, je prenais la relève.

Dans le silence de la bibliothèque, mon excitation augmentait à mesure que je dépouillais les volumes et démolissais pierre par pierre la muraille de livres qui m'entourait. Je faisais de grands gestes et poussais même parfois de petits cris d'étonnement. Ma voisine apprentie dermatologue, après m'avoir lancé des regards haineux, a fini par changer de table. Je savais que les liens que j'établissais, hasardeux et forcés, ne résisteraient pas à un protocole expérimental sérieux, mais j'avais tout de même l'impression d'être sur une piste, d'approcher de quelque chose. Peut-être n'était-ce pas l'explication des chutes d'oiseaux mais celle d'une énigme plus ancienne et plus obscure.

J'ai continué la lecture d'articles biographiques sur Félix-Archimède, me suis accroché avec une étrange ardeur à des chapitres à l'écriture parfois pesante, dont les références m'échappaient et j'ai noirci mon cahier des oiseaux morts avec l'impression d'avoir rencontré en Félix-Archimède un modèle de vocation éclairée. Et puis, tous les articles finissaient par aborder ce fameux épisode qu'Emmanuel Étienne avait évoqué lors de cet entretien décevant au Muséum. Il fallait donc s'arrêter sur ce qui avait fait tout à la fois la gloire et la perte de la vie scientifique de mon ancêtre : l'affaire de la génération spontanée.

Cette controverse avait été son dernier combat. Avant ça, il avait brillé en démontrant l'ovulation spontanée des femmes et des mammifères – on croyait précédemment que la fécondation provoquait l'ovulation. Pouchet avait démonté tout ça grâce à des expériences sur des dizaines de lapines, de truies et une justesse d'observation au microscope impressionnante pour l'époque. Il avait ensuite changé de combat et était passé à la question de la génération spontanée, appelée aussi *hétérogénie*. Au début du livre qu'il avait consacré à la défense de cette thèse (696 pages ouvertes devant mes yeux ébahis sous une lumière bolchévique de fin d'après-midi), *Hétérogénie ou Traité de la génération spontanée*, il expliquait sa position ainsi : « La génération spontanée est la production d'un être organisé nouveau, dénué de parents et dont les éléments primordiaux ont été tirés de la matière ambiante. » Pouchet, s'inscrivant dans la suite de théories très anciennes, avait fait de nouvelles expériences et remarqué des choses impressionnantes : « On voit se produire des animalcules et des cryptogames divers dans des matras *(ce sont des vases à cols longs)* où tout germe organique a été préalablement détruit et où l'air ne parvient qu'après avoir été amplement lavé dans de l'acide sulfurique concentré ou avoir traversé un labyrinthe de fragments de porcelaine et d'amiante portés à la température de la chaleur rouge. » En somme, en associant pendant quelque temps de la matière putrescible, de l'air et de l'eau, le tout filtré de tous les germes qui pourraient y régner (pensait-il), apparaissaient des animalcules, des petits êtres, de la vie. Il existait donc, selon Félix-Archimède, une matière vivante, initiale, à partir de laquelle, prodige de la nature, se produisait une génération sans parents. En prenant tout cela en note dans mon cahier, j'ai eu une envie inexplicable de mettre des points d'exclamation partout. Il y a un souffle de vie, disait-il, une puissance créatrice fonctionnant en dehors du principe de génération. Félix-Archimède l'appelait parfois « force encore inexpliquée », ailleurs « principe vital » ou encore « manifestation plastique » !

Ce qu'il affirmait là était tout de même osé. Bien sûr, on avait connu jusqu'au XVIIe des hurluberlus qui racontaient qu'en mélangeant dans un seau à l'abri de la lumière des grains de blé, de l'eau et une chemise pleine de sueur naissait au bout d'une vingtaine de jours d'incubation une souris. D'autres prétendaient que de la charogne pullulaient d'eux-mêmes des asticots. Mais des gens sérieux s'étaient aussi penchés sur cette question depuis deux mille ans. Félix-Archimède citait ses prédécesseurs, rappelait que tout en modifiant leurs analyses, il n'était pas le premier à avoir été convaincu de ces évidences : Pline, Plutarque, Diodore de Sicile, Virgile l'avaient raconté avant lui. Selon leurs textes, il était possible de voir des insectes naître à même la poussière des cavernes, le sol d'Égypte avait engendré spontanément des rats, des abeilles surgissaient de la chair putréfiée de taureaux… D'autres scientifiques, bien plus proches de lui, croyaient aussi à la génération spontanée : Buffon, Lamarck, Geoffroy Saint-Hilaire et bien d'autres défendaient cette thèse. Évidemment, Pouchet ne croyait plus à la création immédiate d'animaux parfaits, émergeant instantanément de la rencontre fortuite de leurs éléments au milieu de la matière. Il ne pensait plus que les serpents naissaient dans la terre et les limaçons dans la vase. Mais au niveau minuscule, il le démontrait clairement, des microzoaires, petits animaux sans parents, orphelins eux aussi, naissaient spontanément.

Je me perdais un peu dans les pages qui expliquaient tout ce conflit. Je comprenais que Félix-Archimède n'avait pas été très bien accueilli lorsqu'il avait publié ces remarques. Nous étions en 1858, il avait donc 58 ans (comme les choses sont simples parfois) et la polémique avait commencé quand il avait envoyé à l'Académie des

Sciences un mémoire défendant la réalité de ce mode de reproduction. Un jeune chimiste, qui travaillait sur la fermentation, et sur d'autres sujets qui n'avaient rien à voir, avait été horrifié par la théorie de Pouchet. Il s'agissait d'un certain Louis Pasteur, chercheur de 36 ans et déjà sûr de lui, qui s'apprêtait à faire une belle carrière. Il avait déclaré ouverte la guerre de Troie de la génération spontanée qui, comme il se doit, allait durer presque dix ans.

Après ce premier envoi de Pouchet, le débat avait fait rage, et en 1862, l'Académie (elle avait à l'époque tout pouvoir dans les sciences) avait décidé de mettre la polémique au programme d'un concours, pour arbitrer. Dans les ballons de Pouchet, qu'il chauffait, et dont il filtrait l'air, de la vie apparaissait. Pasteur défendait l'idée que les germes que Pouchet voyait éclore provenaient tout simplement de l'air. Pasteur, lui, avait fait bouillir de l'eau très putrescible dans des ballons puis les avait fermés de façon étanche. Aucun animalcule n'était apparu et le jury de l'Institut avait donc déclaré Pasteur vainqueur, lui offrant du même coup un chèque de 2 500 francs.

Félix-Archimède était hors de lui et ne s'était pas avoué vaincu. Selon lui, Pasteur avait chauffé trop fortement les ballons et tué les germes qui pouvaient s'y être développés. Une longue lutte avait commencé, course-poursuite scientifique, où chacun avait ses zélotes et ses contempteurs, son armée d'expérimentateurs et ses juges. Les gazettes suivaient de près, Pasteur était ardemment défendu dans le *Moniteur scientifique* et le *Journal des Débats*, Pouchet répliquait dans *Cosmos* et *L'Ami des sciences*. On accusait Pouchet d'être un matérialiste fou, de nier la Genèse. Félix répondait que

Dieu avait eu beau créer le monde entier en six jours, rien n'indiquait qu'il ne se remettait pas à l'ouvrage régulièrement pour faire renaître la vie (notamment dans ses ballons). En effet, il n'y avait pas de raison que Dieu eût cassé les moules et se reposât dans un dimanche éternel. Le pouvoir impérial et l'Église voyaient toutes ces affirmations des hétérogénistes d'un mauvais œil, ce qui permettait à Pouchet de se rêver victime des forces conservatrices unies contre les avancées inflexibles de la science. À mesure que je lisais ces articles, je prenais peu à peu parti pour Pouchet et lui apportais mon soutien à travers les siècles.

Les deux continuaient leurs expériences sans relâche, publiaient des plaquettes qui en rendaient compte. Pasteur voulait démontrer que les germes que l'on croyait avoir fait disparaître de ce magma putrescible associé à l'eau et à l'air y étaient encore sous forme de poussières, mais si minuscules qu'on ne pouvait même pas les distinguer au microscope. Idée incohérente aux yeux de Pouchet : Pasteur nous vend du vide, qui a vu les germes dont il parle ? Comment peut-on contredire des milliers d'années de savoir depuis Aristote ? Pasteur était alors parti sur la mer de Glace dans les Alpes, à 2 000 mètres, pour montrer que l'air était plus pur à cette altitude, et qu'il y avait moins de corpuscules qui naissaient. Pour le contrer, Pouchet était donc monté avec ses ballons et son magma putrescible sur un glacier dans les Pyrénées, à Maladeta, à 3 000 mètres. L'air récolté pour lui par le docteur Kolbe à la cime du Mont-Blanc confirmait aussi ses hypothèses. Pouchet avait bientôt 64 ans, il était épuisé, mais ses expériences étaient toujours concluantes : la matière avait la faculté de s'animer elle-même. Sûr de lui, il avait exigé que l'Académie mette en place une nouvelle commission d'expertise pour trancher la question, cette fois définitivement. Il s'était tant acharné que l'Académie avait fini par céder et fixer la date du 15 mai 1864 pour que les deux équipes présentent leurs expériences devant ses yeux.

Quelques semaines avant ce 15 mai 1864, Pasteur avait prononcé une conférence aux Soirées scientifiques de la Sorbonne. Devant un public nombreux, son exposé avait été imparable et violent, humiliant même. « Je vais vous montrer, Mesdames et Messieurs, par où les souris sont entrées », avait-il commencé avant d'annoncer : « La génération spontanée est une chimère : chaque fois qu'on y a cru, on a été le jouet d'une erreur. » Rendant compte de ses expériences, il racontait comment, en remuant des ballons, il y avait fait entrer des germes, tout simplement en introduisant de l'air. Or, dans les ballons à col-de-cygne qu'il avait attentivement fermés, rien ne naissait, pour la simple raison que tous ces germes que Pouchet croyait voir se former spontanément n'étaient que des animalcules préexistants (on les appellerait bientôt microbes). Les résultats de Pouchet étaient faussés : il y avait partout dans l'air des corpuscules invisibles qui pouvaient se reproduire opportunément dans des corps putrescibles çà et là. Nous nagions dans les germes sans le savoir (ni le voir). Le ton était cassant et sûr de lui, la pointe finale, assassine : « Jamais la doctrine de la génération spontanée ne se relèvera du coup mortel que je lui porte. »

Après cette conférence funeste, Pasteur avait reproduit ses expériences devant la commission de l'Académie. Pouchet et son équipe avaient demandé quant à eux un délai, leur protocole expérimental n'était pas prêt, ils ne le sentaient pas, enfin bon. En juin 1864, les honorables membres de la commission avaient attendu Pouchet longtemps, car il avait décidé de ne pas refaire ses expériences, persuadé que les dés étaient pipés, et que l'ensemble de l'Académie était aveuglément acquis à Pasteur. Pourquoi se jeter dans la gueule du loup des ballons à col-de-cygne ? C'est donc après avoir assisté uniquement aux démonstrations de Pasteur que l'Académie avait annoncé son verdict final : la théorie de la génération spontanée était définitivement déclarée nulle et non avenue, nada, rien, bye-bye germes orphelins et animalcules spontanés. Comme l'avait prévenu Pasteur, la théorie ne s'en relèverait pas. Félix-Hector-Archimède était à terre, la guerre biologique de Troie avait bien eu lieu.

Après ça, les choses n'avaient plus été pareilles pour Pouchet. Quelques partisans continuaient à le soutenir, mais ses anciens amis de l'Académie l'avaient délaissé. Et puis d'autres humiliations aggravaient la situation. En 1869, son fils Georges, qui enseignait au Muséum de Paris, avait été provisoirement démis de ses fonctions, accusé par le ministère de l'Instruction publique d'avoir soutenu la possibilité de la génération spontanée dans ses cours de biologie.

Pouchet, lui, n'avait jamais cessé d'y croire. Alors que Pasteur venait de découvrir les microbes et d'inventer du même coup la microbiologie, Félix avait passé les huit ans qu'il lui restait à vivre à se battre contre ce qu'il estimait être une machination. Sans relâche, jusqu'à sa mort, il avait lutté pour la théorie de la génération spontanée.

La salle de la bibliothèque s'était obscurcie avec le soir tombant, j'ai levé les yeux des livres et j'ai regardé autour de moi, dans le vide. Je ne voyais ni germe ni animalcule. La rousse dermatologue avait fui, il restait quelques lecteurs transparents. J'étais un peu fatigué. Pendant presque cinq heures de suite, j'avais déchiffré et recopié ces histoires de biologie sans trop savoir pourquoi je les trouvais si belles. La fin me plaisait particulièrement. Cette croyance obstinée en la génération spontanée, contre vents, marées et pasteuriens, m'impressionnait. Pasteur, à la mort de Pouchet en 1872, s'était permis cette remarque condescendante : « Ce savant consciencieux mérite la reconnaissance de tous pour ce qu'il a fait de bon et d'utile, et jusque dans ses erreurs, il a droit à tous les respects. » Je me suis dit que je me foutais pas mal de ses respects, et du respect en général. Ce que j'aimais, c'était qu'il soit allé loin « jusque dans ses erreurs », très loin, jusqu'au bout. C'était incohérent, mais ce jour-là, intensément, je me sentais solidaire de Félix-Archimède, je m'étais pris d'affection pour cet ancêtre qui peut-être n'était pas le mien. L'histoire avait fait de ce grand érudit une sorte de mauvais perdant de la biologie, un brillant raté mystique. Depuis, me suis-je dit, la malédiction a-t-elle duré ? Les germes se sont-ils multipliés, donnant naissance en cascade à des générations non spontanées de perdants ? Anastasie me disait toujours qu'il nous manquait aujourd'hui des maîtres en échec, des guides en ratages réussis. Peut-être venais-je de trouver le mien ? Il y a quelques années, alors que je ne cessais de me plaindre de tout au téléphone, du monde qui s'écroulait et de mes épaules trop frêles pour supporter ces écroulements, elle m'avait envoyé depuis le village de Bourgogne où elle était recluse pour l'été une carte postale avec une photo d'un grand arbre en noir et blanc sous lequel paissaient quelques vaches. Au dos, elle y avait copié cette unique phrase de Michaux, qui, plus que tous les longs discours, m'avait redonné courage pour quelques semaines au moins : « Si tu es un homme appelé à échouer, n'échoue pas, toutefois, n'importe comment. »

Félix, lui, n'avait pas échoué n'importe comment. Très vite, avant qu'il n'en disparaisse totalement, il n'était resté de lui, dans les dictionnaires, encyclopédies et articles scientifiques, que cet événement, à quoi on avait réduit sa vie : il était celui qui avait eu tort contre Pasteur. Félix-Archimède se résumait à un « talentueux micrographe » de province, éternel directeur du Muséum naturel de Rouen, borné et limité. Oubliés les mollusques, les anguilles, les hannetons, la zoologie antédiluvienne et l'ovulation spontanée des mammifères. À la trappe, la création du plus beau muséum naturel de province et peut-être du monde. Certains faisaient même l'hypothèse que le Pécuchet du *Bouvard et Pécuchet* de Flaubert serait inspiré de Pouchet (il y a après tout des traits biographiques communs, et seulement deux lettres de différence). Il me semblait à moi ce jour-là que la gloire laissée à Pasteur dans cette affaire était bien inique.

Je n'avais rien contre Pasteur, je connaissais le bienfaiteur de l'humanité, celui qui avait sauvé les vignerons et les brasseurs en leur expliquant la fermentation, le grand homme qui avait libéré les vers à soie de leurs mauvaises affections, avant de se consacrer tout entier aux maladies contagieuses dont étaient mortes trois de ses filles. C'était chez lui d'ailleurs que j'étais allé me faire vacciner un jour que le besoin nous avait pris avec Anastasie de partir en Inde comme tout le monde. J'avais réagi violemment aux piqûres : mes deux bras avaient gonflé comme si je venais de passer mes nuits sur des machines de musculation. Puis, sept jours avant de prendre l'avion, comprenant que les promesses exotiques ne pouvaient plus rien sauver, Anastasie et moi nous nous étions séparés. Je ne connais donc de l'Inde que des salles d'attente au carrelage blanc rue de Vaugirard et le goût amer de petites doses de maladies lointaines dans mon organisme.

L'été qui avait suivi à Paris, je m'étais senti ultra-protégé. Qu'ils m'attaquent les chiens errants, qu'ils me mordent jusqu'au sang, je résisterais à la rage, et à la typhoïde dans les plats mal réchauffés des bistrots de la gare du Nord, je pourrais même boire l'eau des caniveaux, s'il le fallait. Grâce à Louis Pasteur je ne craignais plus rien : j'avais passé mon été seul et vacciné.

Pasteur avait des instituts partout dans le monde. Il vaccinait, il sauvait des vies. Que restait-il de Félix-Archimède ? Un buste dans un muséum d'histoire naturelle de province, une notice de *loser* dans un vieux Larousse, la trace altérée d'un personnage de roman étroit d'esprit...

À mes yeux pourtant il était bien plus Hector que Pécuchet. Jusqu'au combat final, il avait défendu la génération spontanée contre les Achéens pasteuriens, contre l'évidence scientifique (je n'en savais rien à vrai dire), et contre ses plus proches amis qui lui conseillaient tous de mettre de l'eau dans son tube à essai.

Et puis, comment y rester insensible et ne pas voir ce qui crève les yeux ? Pouchet est ce savant orphelin de père et de mère qui défend la théorie de la génération spontanée. Celui qui avait appris la biologie avec les livres de Buffon comme uniques guides avait prouvé, microscope à l'appui, qu'on se construit seul. Inutiles sont les parents, les germes et les embryons. Au lieu de chercher la trace et le soutien de mon père, il me suffirait peut-être de trouver de quel magma vital putrescible j'avais éclos, dans quel liquide primitif mon organisme s'était déployé. Né spontanément, je pourrais échapper à l'hérédité et aux ressemblances. N'étant plus le fils de personne, je me sauverais enfin de la culpabilité. Après tout, c'est ce qui était arrivé aux plus grands : Athéna extraite entière du crâne de Zeus, Lancelot enlevé par Viviane tout au fond de son lac... Spontanément, on pourrait naître bactérie, ou alors héros, demi-dieu, chevalier du lac, déesse en armes, apparaître un beau jour dans une fiole de mercure, protégé de l'air extérieur, immunisé des gènes et génomes, épargné par le sang d'avant. Il me restait, je l'ai compris ce jour-là, à me lancer à la recherche des autres pères, des autres soutiens.

J'avais imaginé adolescent que mon père avait voulu faire de moi son héritier, ce qui était sans doute bien naturel. Qu'est-ce que j'allais recevoir ? Sa finesse ou sa noirceur ? Sa haine pour le monde ou sa sensible attention ? Je ne voyais pas comment distinguer la bibliothèque intérieure de la sentimenthèque qui l'accompagnait, séparer le savoir et les blessures. Conscient que les questions étaient mal posées, je n'arrivais pourtant pas à m'en défaire.

Les lampes de la bibliothèque se sont éteintes une à une autour de moi, jeu de dominos lumineux annonçant la fermeture prochaine des lieux. Je me suis demandé ce que mes oiseaux venaient faire ici. Pourquoi s'étaient-ils mis à chuter si près du spectre de Félix-Archimède ? Peut-être manquait-il la deuxième partie de la théorie ? Et si, à la génération spontanée, correspondait la règle inverse : celle de la dégénération spontanée, la mort provoquée de toutes pièces, subite, inattendue, incompréhensible ?

J'allais fermer les nombreux livres ouverts sur la table lorsque, finissant un article sobrement intitulé « Un grand Rouennais », j'ai lu ces dernières choses : Félix-Archimède avait eu deux fils (Georges et James), qui n'avaient quant à eux aucune descendance connue. Le court texte ajoutait : « À sa mort, le grand savant laissa inachevée une somme importante sur les oiseaux, qui ne sera jamais publiée. »

Avant de sortir de la bibliothèque respirer l'air pur, et alors que j'essayais de me persuader que cette équation à multiples inconnues impossible à poser n'était pas en train de s'obscurcir un peu plus, j'ai tracé ce schéma dans mon cahier :

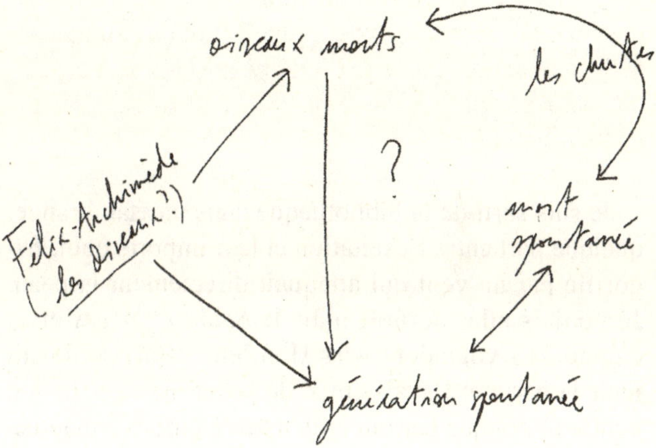
oiseaux morts
les chutes
?
Félix-Archimède
(les Oiseaux ?)
mort
spontanée
génération spontanée

Je suis sorti de la bibliothèque dans un état étrange, quelque part entre l'exaltation et le n'importe quoi, frigorifié par un vent qui attaquait directement la peau. Je voulais aller dormir, mais le *Seine Princess* et sa cabine 313 voguaient vers Honfleur. Clarisse devait tenir la barre et j'avais envie de poser ma tête sur son ventre plutôt que partout ailleurs en Haute-Normandie.

Il fallait donc trouver un endroit où passer la nuit. Je ne me sentais pas vraiment de sonner chez un vieil ami du lycée, encore moins de dormir à l'hôtel. J'ai pris la décision qui s'imposait à moi par défaut : aller à Bonsecours pour trouver un abri.

J'ai sonné à plusieurs reprises à la porte de la voisine. Les volets étaient fermés, et j'ai espéré n'avoir pas fait tout ce chemin pour rien. Pourquoi n'avais-je pas accepté les clés lorsqu'elle me les avait proposées hier ? Je me suis acharné sur la sonnette. J'ai dû la réveiller, car elle m'a ouvert en robe de chambre l'air irrité (à quelle heure les vieux se couchent-ils de nos jours ?). Elle m'a donné les clés de la maison sans faire de remarque puis s'est enfermée à double tour.

En entrant dans le pavillon, j'ai eu l'étrange

impression de profaner quelque chose. Je n'arrivais pas à savoir si c'était le territoire de mon père ou simplement une idée un peu abstraite du sacré. Mon premier réflexe a été d'aller voir au premier étage si ma chambre d'enfant existait encore, craignant à la fois que l'on ait pu effacer mon enfance et qu'il en reste des traces. Sur la porte jaune, il y avait encore la petite plaque de cuivre où était inscrit « Docteur Pouchet ». J'avais oublié cette plaque récupérée lorsque j'avais dix ans, à la mort de mon grand-père, et les raisons exactes pour lesquelles on l'avait fixée à cet endroit. Son étrangeté m'est apparue pour la première fois : de qui, dans cette famille, le gamin que j'étais avait-il été le médecin ? Combien d'erreurs médicales, de mauvais diagnostics et d'opérations hasardeuses avais-je accomplis ? Et contre quels honoraires ?

Mon petit lit n'avait pas bougé, le matelas était à nu. Je repensais à la couette Tintin qui l'avait recouvert et m'avait réchauffé pendant des années. L'intrépide reporter y courait à toute vitesse sur un train qui s'apprêtait à rentrer dans un tunnel. Dans une des bulles, il criait un « Suis-moi Milou » que je me répétais en boucle en attendant le sommeil.

Derrière le lit, l'affiche du bateau *Géodis* de Christophe Auguin dans la tempête avait jauni : les voiles blanches semblaient pourrir calmement. En lettres capitales rouges était inscrit en dessous : VAINQUEUR DU VENDÉE GLOBE CHALLENGE 1997. Cette édition du tour du monde en solitaire avait été terrible et exaltante. J'allais avoir douze ans, et avec mon père, nous avions suivi jour après jour les drames et exploits de la course. Mon père découpait les articles du journal et me les gardait, nous regardions les comptes rendus à la télé avant le dîner. Le lendemain, je pouvais raconter ces aventures maritimes à mes amis du collège, comme si je les avais un peu vécues. Cette année-là, Raphaël Dinelli avait chaviré au sud de l'Australie et était resté accroché plus de trente heures à la quille de son bateau dans une eau à trois degrés, jusqu'à ce que l'Anglais Pete Goss se déroute et réussisse à le récupérer par une manœuvre inespérée. Plus tard, Thierry Dubois et Tony Bullimore, dans le même océan austral, avaient eux aussi chaviré à quelques milles l'un de l'autre, ce dernier passant des dizaines d'heures bloqué dans une bulle d'air à l'intérieur de son cockpit, attendant les secours. J'ai encore à l'esprit les images de Thierry Dubois dans sa combinaison de survie rouge vif nageant vers le radeau que lui avait envoyé l'avion des sauveteurs australiens, ridiculement petit et fragile dans cet océan retourné.

Ces aventures me captivaient tant que mon père m'avait emmené une après-midi au PC Course du Vendée Globe, installé avenue de la Grande Armée à Paris. C'était pendant les vacances de Noël et nous avions fait exprès le voyage en voiture depuis Bonsecours. Chaque jour, les vacations radio avec les skippers solitaires avaient lieu depuis le PC Course : des responsables, un spécialiste météo et un journaliste s'installaient autour d'une table, donnaient des nouvelles du classement, de la vie en mer des navigateurs et tentaient de joindre par téléphone satellitaire leurs voix lointaines et hachées. Le public clairsemé dont nous faisions partie était assis sur des chaises tout autour et écoutait ces marins dialoguer avec la terre depuis l'enfer. Le vent et les craquements violents de leurs bateaux contre les vagues rendaient souvent leurs paroles inaudibles et ce fracas était plus impressionnant encore que leurs récits de tempêtes dans les quarantièmes rugissants. La vacation radio avait duré une heure ou deux. Après, nous n'étions pas retournés tout de suite à Bonsecours, nous avions marché jusqu'aux Champs-Élysées et il me semble aujourd'hui que cette déambulation dans Paris s'était poursuivie très longtemps. Encore ému d'avoir entendu les voix humides et brouillées de mes héros, je tenais la main de mon père tandis qu'il m'expliquait les nombreux termes nautiques que je ne connaissais pas. Il me parlait de balise Argos, de ballast, de quille pendulaire, des courants et tempêtes dans les mers du Sud. Je me disais que pour maîtriser tout cela, il devait avoir lui aussi traversé ces océans. Je me laissais emporter doucement dans cette dérive digressive, heureux et chanceux de recevoir tout ce savoir et de marcher à ses côtés. Il me semblait que je pouvais me reposer tout à fait dans sa main, me fier tout entier à lui comme à un grand et rassurant dictionnaire, qui répondrait à toutes mes interrogations d'enfant.

Outre ce lit et cette affiche, la pièce était envahie de piles de journaux et de cartons. Dans l'un d'eux, il devait y avoir le drapeau pirate que mon père m'avait offert pour mes dix ans, ma collection de Playmobil Belle Époque et d'autres vestiges que je n'ai pas eu la force d'exhumer. Ma chambre d'enfant était devenue un débarras confus et ça me convenait.

Je suis passé ensuite, suis-moi Milou, dans le bureau de mon père, qui m'intimidait tant : la bibliothèque était toujours là, menaçante de livres. Comme les diables à ressort s'évadent parfois de leur boîte, il pouvait à tout moment s'échapper d'un de ces livres une voix stridente qui me crierait que je n'avais rien à faire là. Je me suis souvenu des après-midi de l'enfance où je venais ici pour essayer de divertir mon père de son travail et pour me divertir de mon ennui. Pour rire, il faisait mine de ne pas me voir, continuait ses occupations puis finissait par me dire en souriant : « Je compte sur ton sérieux pour ne pas prendre mon sérieux au sérieux. » Puis, il me passait une BD et je retournais jouer dans ma chambre en ne me sentant ni vraiment léger ni vraiment sérieux.

Sur le bureau, plusieurs cahiers étaient ouverts. J'y ai jeté un coup d'œil. C'était des débuts de lettres, des brouillons de critiques envoyées aux journaux locaux, des pages de textes sans titres. Je me suis souvenu comme mon père se plaignait de l'impossibilité qu'il avait de finir, de venir à bout des projets qu'il entamait, et, de ce point de vue, je me sentais son fils, pleinement, héritier sans aucun doute de cet abandonnisme pathologique. Sur la table, il y avait aussi plusieurs factures du chantier naval qui avait réparé le moteur du bateau, une carte marine (n° 7421 « De la pointe de la Percée à Ouistreham ») et un livre de Léon Bloy parsemé de post-it. Puis, était-ce l'odeur de cigare qui m'avait saisi à la gorge ou simplement un manque de courage face à ces cahiers où je risquais de découvrir des choses qui n'avaient pas été assez bien cachées, j'ai été pris par un terrible mal au cœur. Je suis allé dans la salle de bains, j'ai essayé de vomir, mais ma gorge est restée sèche.

Je me suis installé sur le canapé du salon dans une grande couverture en laine rêche. Le mal au cœur s'est calmé peu à peu. Pour occuper mes yeux et faire diversion face aux souvenirs nombreux et désagréables qui remontaient et venaient s'afficher sur les murs autour de moi, j'ai mis en marche la télé. Je me suis endormi ainsi, toutes lumières allumées et toutes sirènes hurlantes. (On croit souvent, à tort, que les sirènes sont des femmes-poissons. Or, Homère est très clair là-dessus : les sirènes sont des femmes-oiseaux, et c'est pour cela que leur chant est si beau et si terrible pour les marins, car a-t-on déjà entendu un poisson fredonner ?)

J'ai navigué dans la nuit noire en évitant Charybde et Scylla. Pas les dessins animés, qui m'ont réveillé à exactement 6 h 23 (c'était inscrit au bas de l'écran : mais à quelle heure les enfants se lèvent-ils de nos jours ?).

Hébété, j'ai regardé le dessin animé, comme je l'avais fait durant tant de matinées d'enfance. J'étais un peu inquiet, je n'ai pas tout compris : un raton laveur violet qui ressemblait en fait à un singe sous ecstasy en hyperpilosité tentait de mettre des bâtons dans les roues d'un groupe d'enfants eux aussi de couleurs vives (l'un était vert fluo, l'autre bleu roi) qui voulaient organiser une grande fête pour l'anniversaire d'un des comparses (couleur orange corail). À un moment, la petite troupe se mettait à gonfler des ballons (j'ai repensé aux ballons à col-de-cygne de ce bon vieux Louis) que par un ingénieux système de clous, le raton laveur violet faisait éclater un à un. Cris hystériques, mouvements incohérents. Je n'ai réussi à saisir ni la *Schadenfreude* énergique qui agitait ce pseudo-raton laveur, ni l'origine de son conflit avec les enfants, encore moins l'excitation débile que ces gamins mettaient à préparer cette célébration en l'honneur d'un garçon couleur corail.

J'ai fini par me lever une heure plus tard. J'avais besoin du réconfort d'une douche. Une fois dans la cabine, j'ai mis au moins dix secondes à comprendre que l'eau était coupée. Rien ne coulait. Je suis resté immobile quelques secondes encore, nu dans la salle de bains silencieuse. Puis j'ai décidé de sortir de là au plus vite. Il ferait plus chaud dehors.

J'ai fait sans m'en rendre compte la balade habituelle de mon enfance, me dirigeant vers le fleuve – et aussi vers le cimetière, puisque celui-ci dominait celui-là, à la manière d'un cimetière marin. Je me suis acheté un pain aux raisins, suis passé devant la basilique puis j'ai prolongé jusqu'au monument dédié à Jeanne d'Arc que j'avais vu depuis le *Seine Princess* deux jours plus tôt. J'avais l'impression que c'était il y a cent ans, dans une autre vie. J'avais embarqué à bord comme l'on s'engage pour une grande aventure qui s'était transformée en petit n'importe quoi qui se retransformerait peut-être en grande aventure, qui sait. (L'inverse était bien sûr possible : j'avais signé pour un petit n'importe quoi en espérant qu'il se transforme etc.) J'espérais faire de ma fuite une expédition et je commençais à prendre plaisir à ce tourniquet, voilà ce qui avait changé. La plupart du temps, j'ai cette impression persistante que le réel me résiste : les objets, ma volonté, les êtres humains, tous se liguent contre moi pour m'empêcher. Dans ces cas-là, seuls l'anecdotique, le faux pas, l'insensé minuscule me sauvent. Il suffit d'une faute de frappe du réel pour me sentir comme vengé : mon regard peut à nouveau se poser avec amour sur ce monde, non parce qu'il deviendrait tout d'un coup aimable, mais parce qu'il confirme qu'il est absurde.

Personne de ma famille n'était enterré dans ce cimetière. J'y ai déambulé sans ordre ni objectif, passant tout de même près de la tombe du poète José Maria de Heredia, grand type un peu ignoré aujourd'hui (épitaphe : *Mon âme vagabonde à travers le feuillage / Frémira*), puis à côté de celle d'un certain Michel El Bordy (*Ses amis du football ne l'oublient pas*), et devant celle d'Irène Robert, née Funestre.

Je suis descendu tout en bas, d'où l'on avait une vue à la fois sur le fleuve et l'autoroute, et côte à côte les deux étaient angoissants, je ne savais pas bien pourquoi. Puis, j'ai refait le tour et suis sorti en prenant à gauche en direction du casino de Bonsecours. Les larges baies vitrées, le crépi jaune et le toit d'ardoises lui donnaient plutôt une allure de salle polyvalente de village que d'établissement de haut standing. Après avoir été transformé en hospice pour orphelins, il avait été rendu au vice dans les années 90, puis avait brûlé, la ville expiant le choix de la vénalité face à la charité.

Pendant une période, mon père avait fréquenté le casino de Bonsecours, ainsi que d'autres plus loin, sur la côte, à Deauville, Cabourg, Villers-sur-Mer. Ces sorties dans les salles de jeux n'étaient plus vraiment pour lui des divertissements. Elles étaient devenues une obsession. Lorsqu'il y allait, il pouvait y rester des heures, des jours, piégé à la fois par son avidité et sans doute par le besoin de s'échapper d'un tas de choses, et de la maison en premier lieu. Quand la fuite durait trop longtemps, ma mère finissait évidemment par s'inquiéter, pour ses finances, qui étaient aussi les nôtres, mais aussi pour les conséquences de ce qu'elle appelait son « abrutissement » sur sa santé et son travail, qu'il délaissait. Elle essayait de le faire revenir et faisait le tour des établissements pour le retrouver. Plusieurs fois, elle n'était pas arrivée à le convaincre de rentrer. Mon père l'avait renvoyée sans ménagement. J'attendais ma mère et la regardais revenir, assis sur les marches de l'escalier. Elle s'installait dans la cuisine, fumait des cigarettes sans s'arrêter, buvait des cafés dans des bols immenses et pleurait plus que d'habitude. À quelques reprises, pensant que mon influence serait plus grande que la sienne, elle m'avait chargé de ramener mon père. Je ne me souviens plus combien de fois cela avait eu lieu, et je ne saurais dire à qui j'en voulais le plus pour ces soirées passées à anticiper le moment où, une fois que ma mère aurait parlementé avec le vigile de l'entrée, je devrais m'avancer dans le casino suréclairé, puis chercher des yeux mon père en espérant ne pas le voir. Installé sous des lustres en faux diamants, assis parmi d'autres joueurs de tous âges mais de même tristesse, il apparaissait finalement : aussi beau et impressionnant qu'un aventurier épuisé. Dans le magnifique costume bleu marine qu'il ne portait que ces soirs-là, il risquait ses nuits à la roulette et cherchait des trésors improbables. Je n'avais en fait aucune envie de mettre fin à cette quête ni de ruiner les hasards favorables qui pouvaient se présenter. Je me sentais étrangement bien sur la moquette rouge épaisse, j'aimais la voix rauque et chantante du croupier annonçant les mises, le roulement sec de la boule. J'aurais voulu observer leur manège toute la nuit. Mais je finissais par m'avancer vers lui, craignant par-dessus tout de croiser son regard gêné au moment de quitter la table pour me rejoindre. Plus tard, j'apprendrais qu'au casino les joueurs perdant régulièrement sont appelés *cadavres.*

Les semaines qui suivaient ces virées étaient désagréables. Je remuais ma culpabilité, je voulais me cacher le plus loin possible et la maison vivait dans un silence fragile, où tout était fait pour ne pas accroître encore l'énervement taciturne de mon père et le transformer en fureur bruyante, ce qui finissait toujours par arriver. Par bien des moyens, il nous faisait sentir que nous étions des traîtres, mot qu'il prononcerait distinctement bien des années après.

Ce matin de novembre, le casino était fermé. J'ai repensé à l'enquête en cours : dans une anti-association d'idées, il m'est apparu évident que c'était plutôt du côté de la cathédrale que je devais faire mes paris. Pour comprendre ce qui était arrivé à ces oiseaux assassinés (cette fois-ci cela me semblait de plus en plus clair), je devais investiguer partout, y compris dans les lieux sacrés. Il m'a semblé tout d'un coup que ce que Madeleine, la folle de la cathédrale, m'avait annoncé de façon ésotérique méritait d'être exploré, même si Emmanuel Étienne, l'ornithologue du Muséum, l'avait contredite. Peut-être que le père Winter aurait quelque chose à m'apprendre. Il me faudrait vérifier la pureté morale de la sacristie, et qui sait si je ne devrais pas confesser le curé lui-même. Ces personnes qui obsédaient la paranoïa de Madeleine ne pouvaient pas être tout à fait innocentes. La folie de la vieille, sans que je m'en aperçoive, déteignait peu à peu sur moi. En réalité, cette suspicion, c'était aussi évidemment celle avec laquelle mon père semblait appréhender le monde. Dans ses lettres depuis quelques années revenaient les idées de fautes cachées et de manigances. Il me reprochait d'avoir pris le parti de ma mère au moment de la séparation, puis de mon oncle, puis d'intriguer avec mon frère qui ne lui donnait plus aucun signe de vie, puis de ne plus venir le voir à Bonsecours. Il ressassait en boucle des années de griefs. Et maintenant que j'étais à Bonsecours et que le ciel complotait pour de bon contre les hommes et les oiseaux, il n'y était plus.

J'ai marché vers la cathédrale en pensant encore aux précédents actes de cette tragicomédie familiale. J'ai imaginé mon père sur son bateau. La dernière fois que j'avais passé du temps avec lui, c'était à son bord. Un peu avant que notre relation se délite tout à fait, nous avions mis sur pied cette croisière, comme une sorte de traversée de la dernière chance. C'était une idée très moyenne que de rester plusieurs jours ensemble dans l'espace confiné d'un voilier de neuf mètres de long à remuer collectivement remords, reproches et incompréhensions. Pourtant, avec mon frère, nous avions embarqué sur le *Phénix V*. Les choses se passaient plutôt bien au début, la mer était belle, les manœuvres nous occupaient. Puis, au moment où l'on était sortis de la baie du Havre et où la houle n'était plus atténuée par les barrières terrestres naturelles, je m'étais mis à vomir. Depuis l'enfance, c'était toujours lorsque nous dépassions le grand phare gris du cap de La Hague pour entrer dans le bien nommé passage de la Déroute que mon mal de mer se déclenchait. Je me penchais sous le vent, je m'accrochais aux filières pour ne pas tomber à l'eau, et je vomissais tout ce que j'avais à vomir. Je commençais à compter les heures qui me séparaient du prochain port et chantonnais pour faire passer le temps. J'étais presque accoutumé à ces nausées, et étrangement elles ne me rendaient pas la navigation complètement insupportable. Je restais couché dehors, à l'air libre, et indiquais à mon père que je n'avais pas vraiment la force de parler. Lorsque je retrouvais un peu de vivacité, il reprenait ses longues diatribes sur les responsabilités de chacun. Ensuite, il nous entretenait de politique, et ça ne mettait pas fin à mon mal de mer. Tout ça m'épuisait même sacrément. Mon frère avait adopté une stratégie évidente de fuite : la journée, il dormait dans la cabine avant, puis il se tirait à chaque escale, pour boire toute la nuit dans les bars, ce qui justifiait plus facilement qu'il passe les journées suivantes à dormir. Je devenais méchant envers mon père, que je ne supportais plus. J'avais régulièrement l'impression d'étouffer. Cette traversée était en train de me convaincre d'une hypothèse de Kertész : l'histoire du fils prodigue était peut-être bien la légende de celui qui ne voulait pas être aimé.

Un soir, juste avant la fin de la croisière, nous avions mouillé l'ancre devant la plage de St Clements Bay à Jersey. Je m'étais réveillé seul, très tôt, alors que le jour s'apprêtait à se lever. En sortant de la cabine, j'avais constaté en observant la terre que le bateau avait légèrement dérivé vers la côte pendant la nuit. Avec la pression de la marée montante, l'ancre s'était déchaussée. Je m'étais avancé sur le pont et j'avais été subjugué par le spectacle de centaines de minuscules méduses bleuâtres autour du bateau. Elles l'entouraient comme une pellicule translucide, une escorte fluorescente de mer gelée qui nous accompagnait dans une commune dérive. Ces petits êtres et leurs filaments brillaient dans la lumière rose pâle d'avant l'aube et l'on ne pouvait savoir s'ils étaient vivants ou morts (n'est-ce pas d'ailleurs ce qui les caractérise ?). Les méduses avaient peut-être reconnu que nous avions du sang en commun avec elles et leur instinct s'était relié au silence pétrifié de cette croisière. Je m'étais assis dans le cockpit et j'avais eu envie de laisser le bateau emmédusé se briser sur les roches. J'aurais pu aussi sauter dans l'eau, abandonner le navire comme ne le font pas les vrais capitaines, pour fuir pour de bon, au risque de mourir piqué avant d'avoir pu rejoindre la plage. Mais j'étais finalement allé réveiller mon père pour rallumer le moteur, et relancer l'ancre un peu plus loin. La croisière s'était achevée le lendemain à Granville. J'avais rarement été aussi soulagé de rentrer au port.

Je dévalais la colline de Bonsecours vers le centre-ville de Rouen. J'ai voulu effacer de mon esprit ces méduses anciennes. Je me suis imaginé dans une des chapelles de la cathédrale. J'ai pensé que je pourrais m'y essayer à la prière, ce que je ne me souvenais pas d'avoir fait depuis des années. Agenouillé et fermant les yeux puisque c'est ainsi que ces choses-là arrivent parfois, je me serais adressé au Seigneur, et j'aurais prié pour les oiseaux. J'aurais invoqué le Christ Pélican pour qu'il mette fin au sacrifice. Des étourneaux et de tous les autres. Qu'ils ne tombent plus jamais. J'aurais prié pour que résiste le ciel zébré par les traces de leurs chutes. J'aurais prié pour les zèbres et pour la résistance. Puis j'aurais prié pour et contre mes obsessions. Pour l'ultime saut dans le vide des sirènes lorsque leur chant n'a plus d'effet sur les marins. Pour m'enfermer dans mes erreurs. J'aurais prié pour me défaire du conditionnel. Pour le Grand Bégaiement et les Petits Détails. J'aurais prié pour et contre les accidents nucléaires.

Pour l'apocalypse douce et les générations spontanées. Pour Madeleine, pour Alfred et pour Félix-Archimède. Pour Bonsecours, sa basilique, son cimetière et son casino. J'aurais prié pour le *Phénix V*, pour le pavillon de mon père et pour ma chambre d'enfant…

La capuche de ma grande parka bleu marine sur la tête, murmurant sur la longue route qui descendait de Bonsecours à Rouen, on aurait pu me prendre pour un moine qui récitait ses heures, jusqu'à ce que se mette à sonner, grotesque, la mélodie piano électronique de mon téléphone. C'était Jean-Pierre, et ce n'était pas la moindre de mes surprises. D'une voix essoufflée, comme s'il avait couru sans arrêt depuis la côte pour me confirmer en urgence l'existence de Dieu, il m'a dit :

— Je suis à Pennedepie, sur la plage, vous n'allez pas me croire, mais ce matin, là, il y a à peine une heure, il vient de pleuvoir des oiseaux. Des oiseaux morts. Sur deux cents mètres. Il y en a peut-être des milliers.

Le paysage traversé par le train m'était familier, mais j'avançais aussi en imaginant le parcours que j'aurais pu faire sur le fleuve, tout ce que je manquais en naviguant dans ce train Corail. Je serais passé par Bardouville où avait eu lieu la troisième chute, j'aurais pu rendre un hommage silencieux à Léopoldine Hugo en longeant Villequier. Nous aurions sans doute fait halte à l'abbaye de Jumièges.

La ligne de chemin de fer contournait la Seine par le nord, passait par Yvetot, Bolbec avant d'arriver au Havre.

Je me suis installé dans un compartiment avec un petit garçon et sa mère. Le petit l'interrogeait sur les multiples sujets qui lui traversaient l'esprit. Elle, distraite, répondait vaguement :

— On a l'impression qu'il n'y a pas d'air dans une maison. Maman, est-ce qu'il y a de l'air dans une maison ?

— …

— Maman ?

— Tu respires à la maison, ou pas ?

— Euh, oui.

— Alors, tu vois : c'est qu'il y a de l'air.

Le garçon relançait sa mère, sur l'air, puis sur le train, puis sur ce qu'il y avait à l'intérieur des vitres, puis sur l'oxygène puis elle s'est agacée :

— Si tu continues à poser des questions, tu ne pourras plus respirer.

Le petit s'est tu. J'aurais voulu leur dire, à l'enfant et à sa mère – je l'avais découvert dans un des trop nombreux textes lus ces derniers jours – que la plupart des oiseaux ont un deuxième larynx, le syrinx, où sont les multiples muscles vocaux qui leur permettent de chanter, pendant que le larynx leur permet de respirer. C'était ce deuxième larynx dont il aurait besoin, dont nous aurions tous besoin pour continuer à parler, crier, et nous époumoner sans avoir à reprendre notre souffle.

À Bolbec, une jeune fille d'une vingtaine d'années, assez jolie pour éveiller mon attention, s'est installée dans le compartiment. Après l'avoir observée quelques minutes, j'ai dû me rendre à l'évidence, et admettre que croiser le regard des filles dans le train était devenu de plus en plus difficile. Elle fuyait sans cesse mes yeux sans le savoir pour vérifier ses textos, envoyer des mails, naviguer sur un téléphone portable géant qu'elle manipulait avec une grande douceur, le caressant du doigt d'un geste vif, plus inquiétant que sensuel. Je me suis donc contenté de son profil penché vers la tristesse bleutée de communications infinies. Si elle avait levé la tête, nous aurions peut-être parlé du temps maussade, de port de commerce, d'études brillantes ou de pluies d'étourneaux.

En fouillant dans mon sac à la recherche d'un pull (le train n'était pas chauffé), j'ai touché des doigts et sorti toute la documentation que j'avais emportée pour ce voyage, ouvrages de Pline, de Charles Fort, Bible, et tout un paquet de photocopies faites avant mon départ. À ce moment-là, je m'étais dit que la solution de cette énigme se trouvait dans les livres tout autant que dans le réel. Dans la voiture 8, place 47, je ne savais plus trop quoi en penser. Parmi la liasse de feuilles, j'ai vu apparaître trois pages photocopiées dont j'avais oublié l'existence. Dessus, j'avais écrit à la main « Mao et le Grand Bond en Avant », et je ne savais plus dans quel livre j'avais trouvé ça.

Le train a dépassé Bolbec, mais j'étais en fait en Chine en 1958. Ces pages racontaient un épisode époustouflant de la réforme agraire que Mao avait mise en place et qui avait provoqué l'une des famines les plus cruelles que la Chine ait connues. Les chiffres sont débattus, mais on parle d'environ trente millions de morts. Parmi la série de décisions prises par le pouvoir à cette période figuraient quelques mesures extravagantes. Mao avait ainsi lancé une Campagne des Quatre Nuisibles. Elle visait à libérer les Chinois des rats, mouches, moustiques mais surtout, et c'est là que j'ai eu de nouveau l'impression que tout sur l'ensemble de la planète – de Chine jusqu'en Haute-Normandie et bientôt ailleurs et depuis des siècles – convergeait vers moi, cette Campagne des Quatre Nuisibles avait visé les moineaux friquets. Conseillé par des ingénieurs soviétiques, Mao avait fait à peu près ce calcul : un moineau friquet mange chaque année deux kilos et demi de graines (ce qui s'appelle avoir un appétit d'oiseau). Or, il y a presque 10 millions de moineaux friquets en Chine, qui dérobent donc 25 000 tonnes de graines. Les oiseaux dévorent l'équivalent de ce qui pourrait nourrir des dizaines de milliers de Chinois pendant une année entière. Les moineaux étaient donc coupables de vol, de comportement anti-patriote, de subversion anti-communiste.

Il fallait adopter les mesures que la logique guerrière et maoïste imposait. La décision, douce comme Mao savait les prendre, a été d'éliminer *totalement* les volatiles. Il a sobrement intitulé cette opération la Grande Campagne du Moineau, en chinois *Dă Máquè Yùndòng*, précisait une note de bas de page. Le Grand Timonier ne faisait pas les choses à moitié. Mais la poudre à canon était coûteuse et les fusils rares. Or, les ornithologues avaient remarqué que les moineaux friquets pouvaient survivre en vol pendant environ deux heures et demie. Après, ils tombaient d'épuisement. Ici, une deuxième note de bas de page indiquait que friquet signifiait en latin vif, éveillé et qu'on les avait appelés comme cela à cause de leur comportement agité, comme un essaim d'insectes turbulents. La solution de Mao, suivant ainsi sa règle de participation des masses, a été d'enrôler tout le peuple chinois, rien que ça, pour se débarrasser des oiseaux. Le Parti a organisé une grande campagne de propagande et de mobilisation pour préparer l'opération. Le 18 avril 1958, à cinq heures du matin, l'éradication a commencé. Tout le monde était chargé de parcourir les rues, les champs, villages et forêts, l'ensemble du territoire, armé de casseroles, de tambours, de gongs, de lance-pierres, de sarbacanes et de carabines. Jeunes et vieillards, hommes et femmes sont sortis de chez eux, ils n'avaient à vrai dire pas trop le choix. Durant 72 heures, jusqu'au petit matin du 21 avril, le bruit n'a pas cessé : les gens devaient secouer les arbres, tirer sur les oiseaux pour les empêcher de se poser, hurler des chants anti-moineaux et s'agiter le plus possible. Il était interdit de dormir. Des concours étaient organisés dans chaque village pour récompenser ceux qui abattaient le plus de moineaux. J'ai regardé la campagne défiler sagement derrière la vitre du train et j'ai essayé d'imaginer cette hystérie mortifère. Pendant trois jours d'affilée, tout un peuple crie et chante pour que des petits oiseaux s'abattent d'épuisement au sol. Le vacarme est total. On démolit les nids, on brise les œufs. Au bout d'une quarantaine d'heures, des flots de moineaux s'écroulent. On se jette sur eux pour les achever en les insultant et en criant. Quelques hommes et femmes s'effondrent aussi, blessés, à bout de forces, morts de fatigue pour de bon parfois, et peut-être n'était-ce qu'une timide vengeance de la nature face à leur lugubre zèle. Sur les places, des délégués du Parti comptent les moineaux que chacun a ramassés au sol. On les emporte sur des carrioles où les minuscules cadavres s'amoncellent. L'odeur de mort s'infuse partout, mais on a l'impression d'être utile, de sauver le blé, de préparer la plus grande récolte que la Chine connaîtra depuis des siècles.

Le 21 avril 1958, un communiqué officiel du Parti l'annonce : il n'y a plus de moineaux friquets sur le sol chinois. Le Grand Bond en Avant vient de commencer par une Grande Chute d'en Haut. En 72 heures, 10 millions de moineaux venaient d'être tués. J'ai fait le calcul, il était tombé 38 moineaux par seconde pendant trois jours. C'était sans doute la plus grande pluie organisée d'oiseaux de l'histoire, une pluie drue, un orage même, une tempête de moineaux balayant l'immensité chinoise pendant des heures et des heures.

Évidemment, cette campagne n'a pas eu les effets escomptés. En s'attaquant aux moineaux, on avait oublié qu'ils ne mangeaient pas uniquement des graines. Ils se nourrissaient également d'une très grande quantité d'insectes. Sans prédateurs, ceux-ci ont pu s'en donner à cœur joie et démolir une grande partie des récoltes, qui ont donc été encore plus désastreuses que ce qui n'avait pas été prévu. À sa mesure, la Grande Campagne du Moineau a participé à la terrible famine qui a suivi et abouti aux millions de morts et aux scènes effrayantes qu'on rapporte : sacrifices, suicides, cannibalisme, etc. Les effets pervers ne se sont pas arrêtés là, puisque, pour détruire ces parasites toujours plus nombreux, on a aspergé des millions de tonnes d'insecticide dans les campagnes chinoises, et que, bien vite, les moineaux ont emmené avec eux des millions d'abeilles dans leur chute et bientôt toutes les abeilles. Voilà pourquoi il n'y a plus d'abeille en Chine aujourd'hui et il ne reste plus aux Chinois qu'à se transformer chaque printemps eux-mêmes en insectes armés de coton-tige pour polliniser, fleur par fleur, les arbres du pays.

Nous avons quitté la campagne chinoise, le train arrivait maintenant dans la banlieue du Havre. J'avais devant les yeux cette image des masses hurlant sur les routes et dans les champs et des moineaux exténués qu'ils accrochaient en trophée à de grandes perches de bois. Je m'approchais de la plage. Dans le compartiment, la jeune fille tripotait toujours son téléphone et prenait maintenant, en variant à chaque fois sa moue de façon presque imperceptible, une série de photos d'elle-même qu'elle devait envoyer instantanément à quelques amis. Le petit garçon s'était endormi sur les genoux de sa mère. J'ai refermé le cahier des oiseaux morts où j'avais consciencieusement recopié le compte rendu de l'épisode chinois. Les jours passant, j'avais de plus en plus d'oiseaux dans la tête, de plus en plus d'oiseaux morts depuis de plus en plus d'années. Ce cahier était à l'évidence un tombeau. Je me suis demandé ce que ça provoquait sur moi, en moi, ces colonies d'oiseaux morts, les vrais et ceux des livres, les chinois et les normands, ceux de Pline et ceux de Bonsecours. J'ai senti leur poids et j'ai imaginé mon esprit comme un écran de cinéma peu à peu étouffé par une grande masse de corps animaux : fondu au noir corbeau vers la scène finale.

La voix factice et universelle du train a réveillé le petit garçon en l'alertant sur les risques de la mémoire humaine et les ravages du délaissement : « Nous arrivons en gare de Le Havre, terminus de ce train. Avant de descendre, vérifiez que vous n'avez rien oublié dans le train. Tout bagage abandonné sera immédiatement détruit. »

Au Havre, je n'ai pas voulu perdre un instant. J'ai rappelé Jean-Pierre, qui m'attendait sur la plage. Les « autorités sanitaires », c'était l'expression qu'il avait bizarrement employée, n'étaient pas encore arrivées. Je suis monté dans un taxi et lui ai indiqué que j'allais à la plage de Pennedepie. Il pleuvait pour de vrai. Nous avons traversé la ville pour rejoindre le pont de Normandie, immense hauban comme relié à rien dans le ciel triste. Le chauffeur ne parlait pas. Je m'amusais à faire des courses de gouttes sur la vitre arrière : il s'agissait de choisir une goutte, sur laquelle je pariais, et d'observer son avancée poussée par le vent. Celle qui atteignait le bout de la vitre la première remportait la compétition. Je dois dire que je trichais parfois et voyant une goutte peiner ou même disparaître, j'en choisissais aussitôt une autre pour ne pas me retrouver perdant à l'arrivée.

La plage était un peu au sud de l'embouchure. Une fois quittée la départementale, on y accédait par un ultime chemin de terre précédé d'un parking, où il y avait trois voitures, et une camionnette barrée du logo France 3 Haute-Normandie. J'aurais bien aimé faire comme dans les films américains où l'on demande au taxi d'attendre avant la reprise de la filature, mais je n'avais hélas pas les moyens de le payer à patienter. Il a fait demi-tour, me laissant seul sur le chemin. Jean-Pierre ne devait pas être loin. Comment avait-il su ? Pourquoi était-il là ? Je n'avais pas eu le temps de lui demander au téléphone. J'ai calculé que le voyage du *Seine Princess* s'était achevé la veille à Honfleur. J'ai déroulé dans mon esprit la cartographie morbide de ces derniers jours. J'avais l'impression d'être une sorte de Petit Poucet qui courrait au-devant de cailloux-oiseaux jetés pour lui sur un chemin incohérent. Et si tout ça était un piège pour me perdre ?

J'ai marché sur la piste, et en arrivant sur la plage, j'ai vu un groupe de personnes à l'autre bout, à une centaine de mètres. Nous étions séparés par un véritable massacre. Il s'agissait en apparence de corneilles, enfin c'était plus petit que des corbeaux, et elles avaient un bec jaune. À perte de vue, des corneilles crevées. Le reflux des vagues charriait d'autres cadavres, si bien que les oiseaux semblaient jaillir morts d'une longue traversée sous-marine. Noyés, transportés là par la marée, ils étaient comme une colonie de méduses infestant la plage.

J'ai pris un oiseau dans les mains : j'aurais aimé sentir encore sa chaleur, mais ça devait faire longtemps que le froid avait pris le dessus. Son plumage avait quelque chose de poisseux et de doux, et j'ai eu envie un instant de caresser mon visage avec. Je me suis ressaisi et je l'ai retourné dans mes mains : ses pattes étaient crispées et dures comme si l'oiseau avait été électrocuté d'un coup. L'odeur du goémon se mêlait à une senteur de charogne, j'avais la gorge et le nez qui piquaient. J'ai tenté d'estimer le nombre d'oiseaux. Sur un mètre carré, il y en avait deux, la plage devait faire cent mètres de long sur quinze de large, ça faisait 1 500 mètres carrés, soit 3 000 oiseaux morts environ. Est-ce que la fin du monde ressemblerait à ça ? J'ai regardé mes pieds pour ne pas leur marcher dessus. Cela m'obligeait à une démarche étrange. Au gré des corps, j'alternais grands écarts et petits mouvements dans des directions variables. De loin, on aurait pu croire que j'effectuais au ralenti les pas d'une danse macabre, chorégraphie contemporaine apocalyptique : entrechats, grands pliés et ronds de jambe sur un charnier d'oiseaux. Je suis remonté en haut de la plage jusqu'à atteindre une bande d'herbe épargnée par les cadavres et j'ai regardé le sable blanc piqueté de noir : l'été des corps différents devaient être allongés ici, rangés comme morts dans l'attente d'une autre libération.

J'ai marché pour rejoindre ce groupe de personnes que j'avais vu tout à l'heure. Il s'agissait d'un caméraman suivi par un perchiste et un journaliste. Le caméraman s'enfonçait dans le sable, sans doute sous le poids de son caméscope. Le perchiste tenait son micro debout. Je ne comprenais pas très bien ce qu'il pouvait enregistrer. Car, ce qu'il y avait évidemment de plus marquant ici, c'était le silence. Ni vol, ni chant, les oiseaux morts étaient la négation totale de leur essence d'oiseau. Jean-Pierre s'est approché de moi :

— Ces oiseaux, voyez, ces oiseaux, bah c'est idiot, mais on dirait des hommes, ils se sont écrasés comme les types qui se jettent dans le vide. Vous vous souvenez, ces images d'hommes se jetant des deux tours en flammes, ces corps sans formes et leurs trajectoires bizarres. Je ne les ai pas vus tomber ces oiseaux, mais je les imagine comme ça.

Jean-Pierre avait peut-être raison, ces oiseaux étaient devenus des hommes. Ils chutaient comme eux ; de simples poids morts sans le mystère du vol. Et on ne pouvait plus éluder l'hypothèse du suicide collectif. Épuisées par l'existence, des colonies d'oiseaux décident d'en finir ensemble et en même temps dans des cérémonies incompréhensibles. De quelle cause étaient-ils les martyrs ? Jean-Pierre a continué à m'expliquer :

— Après la croisière, on avait prévu d'aller passer quelques jours chez mon beau-frère, il habite Cricquebœuf, juste à côté. Je suis allé faire une balade ce matin. Je vous ai appelé tout de suite.

Il est des tribus en Afrique où il est interdit de tuer les oiseaux en vol dit-on. Les chasseurs attendent pour tirer qu'ils regagnent les arbres où ils se posent. J'ai eu l'impression d'être posé à mon tour, les épaules plantées dans mon torse planté dans mes jambes plantées dans le sol, à la merci des tirs de n'importe quel chasseur posté sur la dune, mal caché dans les ajoncs, me visant patiemment dans mes déplacements incohérents, attendant pour ajuster sa frappe, au cœur ou à la tête, qu'enfin je me fixe quelque part et mette fin à mon vol terrien, à ces figures de perdrix psychotique prise au piège. L'enquêteur achevé, que resterait-il de l'enquête ?

Je me suis assis et nous avons attendu longtemps sans rien dire. Le spectacle de cette plage d'oiseaux morts rendait difficile le commentaire. De l'autre côté de la dune, à une centaine de mètres, s'élevait un champ d'éoliennes immenses. Elles me sont apparues comme ces jouets de plage pour enfant tournant à un rythme lent, gigantesques et risibles à la fois. J'ai eu envie de décrocher chaque éolienne de la terre et de souffler dessus dans l'autre sens. C'étaient peut-être bien des chevaliers elles aussi, qu'il était temps de combattre, ou des messagers de Dieu, géométrie à trois pales, trinité venteuse, aiguillant ce qui nous tombe dessus comme tempête comme amour comme désespoir. Des centaines d'oiseaux morts m'étaient tombés sur la tête en quelques jours et aussi un faux ancêtre, une femme gracieuse naviguant en péniche, une promesse de génération spontanée. Et s'il se mettait à pleuvoir du sens, tiens ? Un Dieu, des envies, des pistes.

Au lieu de ça, Jean-Pierre a reçu une première alerte sur son téléphone. Et c'est face à cette scène de désolation que j'ai appris *la* nouvelle, ou peut-être faudrait-il dire *les* nouvelles. Jean-Pierre me lisait les informations à mesure qu'elles s'affichaient, chroniquant l'horreur au rythme international des agences de presse. Des chutes identiques de groupes d'oiseaux avaient eu lieu partout dans le monde : dans le Colorado, en Indonésie, en Suède. On avait retrouvé aussi des poissons crevés sur la côte espagnole, au Japon et en Uruguay. « C'est une crise mondiale », m'a dit Jean-Pierre avec un ton solennel. Je me suis forcé pour ne pas rire. Les oiseaux tombaient en masse, partout autour de nous, partout dans le monde. Et on ne savait pas à quoi tout cela était dû. Déjà, au loin, je voyais de nombreuses personnes arriver sur la plage, les « autorités sanitaires » sans doute, et aussi d'autres caméras, de nouveaux badauds, de futurs inquiets.

Ma petite enquête maladroite m'a semblé un peu

ridicule tout à coup. J'avais abouti à la plage de Pennedepie tandis que le ciel mondial entamait son grand bouleversement. Bonsecours n'était que le lieu précurseur d'un désastre immense, le présage d'un massacre des Innocents de grande ampleur. Ça n'avait d'ailleurs peut-être commencé là que comme un mauvais jeu de mots : pour ce qui nous attend dans les années à venir, il est évident qu'il n'y a plus de bon secours. Je pourrais dire que, pour une fois, j'aurais été là, l'un des premiers à avoir suivi la trace des oiseaux, prophète d'une destruction ignorée, ange sonnant d'une trompette sourde, guignol égaré dans un voyage organisé sur la Seine pour sauver l'humanité courant à sa perte. L'histoire et le monde, auxquels je m'étais senti si étranger, me rattrapaient par le col.

Avec une forme d'excitation dans la voix, Jean-Pierre a continué à égrener la comptabilité funèbre et planétaire : 16 000 alouettes en Ouganda, 4 500 carouges à Trinité-et-Tobago, 800 cailles à Oxford, plusieurs centaines de pigeons ramiers à Auxerre, 6 000 merles près de Bucarest, etc., etc. Ma mappemonde intérieure était troublée, je ne savais plus où étaient la Bourgogne et la Roumanie, ni comment distinguer une alouette d'un aigle, j'étais submergé, incapable d'organiser ces nouvelles dans mon esprit.

Bientôt, des gens sérieux allaient prendre le relais, des spécialistes seraient interrogés par la presse, des médecins, scientifiques, ornithologues diplômés hasarderaient d'autres explications, des témoins témoigneraient, des hommes politiques tireraient des conclusions, des éditorialistes commenteraient. Plus tard, des romanciers habiles romanceraient habilement. Je m'en estimais incapable : le monde entier débloquait ouvertement et ça ne me regardait presque plus. Jean-Pierre continuait sa litanie des dépêches de presse qui arrivaient des quatre coins du monde. Je me suis senti calmement accablé. J'avais chéri en un sens cette apocalypse ornithologique normande, une fin du monde de proximité, un désastre doux, accessible en péniche, à quelques heures de la capitale. Ces chutes locales me semblaient compatibles avec mes faibles forces. En catastrophes, il fallait le reconnaître, je n'étais qu'un amateur.

J'ai repensé à une phrase de Charles H. Fort, ce vieux dingo occultiste dont j'avais compulsé les œuvres : « Dans la topographie de l'intellect, je pense que la connaissance est une île d'ignorance entourée de rires. » Il n'y a pas besoin d'être intermédiariste pour être persuadé de cette robinsonnade, Charles : la plupart des choses nous échappent et il nous reste à rire de nos mauvaises interprétations.

Soudain, un étrange mal du pays m'a saisi. J'ai souhaité retrouver Paris et mon appartement, la plante japonaise près de la fenêtre, l'écrivain public du rez-de-chaussée et les vendeurs de robes de mariée orientales de Barbès. Je voulais revoir dans la nuit briller comme un phare les lettres bleutées de *Tati – Les plus bas prix*.

Prendre l'avion pour le Colorado ? Naviguer vers l'Uruguay ? Traverser le monde pour le sauver ? Descendre la Seine jusqu'à la plage m'avait suffi.

Je me suis éloigné de Jean-Pierre pour marcher un peu. J'ai appelé mon père. Et pour la première fois depuis quinze jours quelqu'un a décroché. J'ai entendu un long bip, puis un chaos de voix en anglais et, se détachant d'elles, râpeuse et fatiguée, celle de mon père. « Ah, c'est toi. » Comme s'il n'était parti que depuis quelques heures, il s'est excusé de ne pas avoir répondu à mes appels. Il venait d'arriver à Guernesey, il y avait eu de la casse à bord, la bôme avait lâché, puis le gouvernail, il avait dû bricoler, il s'était dérouté après une grosse dépression venue de mer d'Irlande, s'était mis à la cape, puis avait finalement réussi à atteindre l'île anglo-normande. Il n'avait pas eu le temps de téléphoner. Il m'a demandé des nouvelles. « Tu as essayé plusieurs fois de m'appeler, il se passe quelque chose ? » Je n'ai rien dit à propos des oiseaux, je n'avais pas le courage d'expliquer vraiment, et puis il apprendrait bientôt. Je lui ai demandé ce qu'il prévoyait pour la suite. « Tu sais quoi : je vais rester un petit peu à Guernesey. Réparer le bateau, me promener. Cette île pourrait bien être ma Sainte-Hélène. » Il ne supportait plus la France, m'a-t-il rappelé, au cas où je l'aurais oublié. « Ce pays me dégoûte. » Puis, il m'a proposé de le rejoindre pour naviguer avec lui, comme si toutes les années précédentes, les lettres haineuses et les accusations de trahison, n'avaient pas existé. J'ai détourné la conversation pour ne pas avoir à lui répondre. J'avais le mal de mer et d'autres terres à parcourir. Je lui laissais volontiers l'aventure marine. Lorsque Ulysse reviendra grimé en vieux mendiant, il fera semblant de nous reconnaître, bandera son arc et éliminera ses concurrents. Pénélope sera peut-être déjà morte si elle a échappé à l'asile, et Télémaque aura abandonné Ithaque pour des cités plus grisantes. Les autres s'en foutront. De nos jours, personne n'attendrait Ulysse de toute façon, on n'a plus la patience.

Assis sur la dune, à la place du chasseur embusqué, j'ai regardé la plage, m'attendant à voir atterrir l'un de ces petits canards en plastique jaune de baignoire échappé du cargo coulé en Alaska. J'avais à côté de moi mon cahier des oiseaux morts, le viatique de ces derniers jours. J'y ai noté une ultime série de mots :

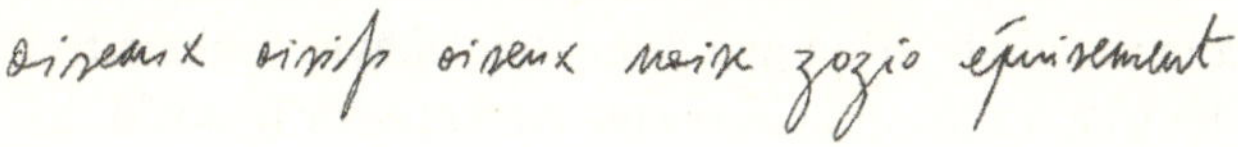

En quoi consistait cette liste ? Je l'ai relue dans différents sens. C'était ce qu'il restait, les dernières syllabes, mon vocabulaire final, les quelques signes autour desquels je tournais en rond.

Ce n'était pas la dernière page du cahier. J'aurais aimé que toutes les créatures de la création embarquent dans mon calepin arche de Noé. Mais on pouvait aussi laisser du blanc, et même en ouvrir d'autres un jour, des cahiers irrésolus. Le carnet était maintenant épais, je l'ai serré contre moi. Cette série d'élucubrations c'était sans doute la seule chose consistante que j'avais faite depuis quelques années. « À quoi as-tu occupé ta jeunesse ? — J'ai rempli un cahier d'oiseaux morts. — Ah, très bien. » Comme lorsqu'on finit son cahier de vacances, ce qui venait après était excitant et désespérant à la fois. J'ai songé à l'abandonner sur la plage, à le laisser s'imbiber d'eau de pluie et de sable, pour libérer le triste bestiaire qu'il contenait. Je savais qu'il manquait des chapitres précis, des taxinomies latines et des gravures complexes. Il y avait beaucoup trop de contes invraisemblables, de points d'interrogation et de queues de poisson. J'aurais aimé qu'il accueille davantage d'espèces exotiques, des oiseaux migrateurs, des marsupiaux endémiques, moustiques immenses, koalas et hyènes inédits. J'aurais voulu qu'on y voie des gazelles bondir devant de grands fauves, des antilopes courant à la vitesse d'antilopes. Bientôt, avec la marée, ces histoires seraient englouties. Peut-être verrait-on parfois les animaux remonter à la surface, à la recherche d'un peu d'air : une chèvre se débattrait dans les vagues, un hérisson sauterait sur le dos d'une raie, des étourneaux se remettraient à voler.

J'ai écrit un message à Clarisse, et c'était une déclaration d'amour très niaise de film américain, genre « *Love is for the birds* ». Je me suis allongé sur la plage et il m'est revenu un chant de marin échappé des navigations de mon enfance. Je me suis mis à le fredonner : « Nous étions quinze sur le bahut du mort / Yop la ho et une bouteille de rhum / À boire et l'diable avait réglé not' sort / Yop la ho et une bouteille de rhum. »

Ce *nous* de pirates me réconfortait et je pouvais presque sentir dans ma gorge le goût collectif d'un mauvais rhum de marins au long cours. Le sable était froid et des herbes me rentraient dans le dos ; je me suis redressé et j'ai regardé au-delà du champ de corneilles crevées. J'ai vu une aigrette blanche, haut perchée sur ses longues pattes, maladroite, mais belle, qui arpentait la plage à la frontière avec la mer. De loin, on aurait dit qu'elle comptait les oiseaux morts, ou qu'elle les veillait, ou peut-être qu'elle se préparait, debout et ridicule, à affronter les ennemis de ses prochains duels.

Le Livre de Poche s'engage pour l'environnement en réduisant l'empreinte carbone de ses livres. Celle de cet exemplaire est de :
300 g éq. CO_2
Rendez-vous sur www.livredepoche-durable.fr

PAPIER À BASE DE FIBRES CERTIFIÉES

Composition réalisée par SoftOffice

Achevé d'imprimer en France par
CPI BUSSIÈRE (18200 Saint-Amand-Montrond)
en janvier 2020
N° d'impression : 2048931
Dépôt légal 1re publication : août 2018
Édition 03 - janvier 2020
LIBRAIRIE GÉNÉRALE FRANÇAISE
21, rue du Montparnasse – 75298 Paris Cedex 06

87/1679/9